上海市经济和信息化委员会／编著

Research Report on the Development of Shanghai Information Service Industry, 2014

2014年 上海信息服务业发展研究报告

立信会计出版社
LIXIN ACCOUNTING PUBLISHING HOUSE

图书在版编目(CIP)数据

2014年上海信息服务业发展研究报告/上海市经济和信息化委员会编著. —上海:立信会计出版社,2014.12

ISBN 978-7-5429-4458-0

Ⅰ.①2… Ⅱ.①上… Ⅲ.①信息服务业—产业发展—研究报告—上海市—2014 Ⅳ.①F719

中国版本图书馆CIP数据核字(2014)第296807号

责任编辑 陈 旻
封面设计 周崇文

2014年上海信息服务业发展研究报告

出版发行	立信会计出版社		
地　　址	上海市中山西路2230号	邮政编码	200235
电　　话	(021)64411389	传　　真	(021)64411325
网　　址	www.lixinaph.com	电子邮箱	lxaph@sh163.net
网上书店	www.shlx.net	电　　话	(021)64411071
经　　销	各地新华书店		
印　　刷	浙江省临安市曙光印务有限公司		
开　　本	787毫米×1092毫米	1/16	
印　　张	10	插　　页	3
字　　数	96千字		
版　　次	2014年12月第1版		
印　　次	2014年12月第1次		
印　　数	1—3 200		
书　　号	ISBN 978-7-5429-4458-0/F		
定　　价	52.00元		

编审委员会

主　　编　李耀新

副 主 编　邵志清

编　　委　张　英　邵　祺

编写成员　姜　宁　何　炜　顾伟华　黄　琳
杨立哲　孙德功　叶月明　夏益飞
刘　文　王建会　李　宁　严秀芳
赵　玥

研究单位　上海市互联网经济咨询中心

前　言

随着云计算、大数据、移动互联网等新技术、新应用、新模式的快速发展，信息服务业的引领性、战略性、高渗透性等特征愈发明显，信息服务业正大幅度提升着民众生活质量，改变着经济和社会的方方面面。做强、做大信息技术服务业，对于上海调整产业结构，转变经济发展方式，促进创新和转型发展具有不可或缺的重要作用。2013年上海信息服务全行业实现经营收入4 317.29亿元，同比增长19%，实现增加值1 387.88亿元，同比增长15.1%，占全市GDP的6.4%，占本市第三产业GDP的10.3%，信息服务业对经济发展的支撑作用更加凸显出来。

为进一步发挥服务企业和产业发展的职能，全面、综合、权威、真实地反映产业发展态势，上海市经济和信息化委员会组织了来自政府、企业、高校、研究机构、行业组织等众多信息服务业领域的专家和学者，经过广泛、深入的调查研究，在相关委办局、区县、企业、产业园区（基地）、行业协会等单位的积极参与和配合下，编撰了《2014年上海信息服务业发展研究报告》。

本报告共分四章：第一章介绍2013年上海信息服务业产业总体情况；第二章剖析信息服务业重点领域；第三章汇总部分区县的信息服务业发展状况和发展举措；第四章分析园区基地建设。附录则收录了部分政策文件和重点企业名单等内容。

在本报告编写过程中，市发展改革委、市商务委、市科委、市财政局、市文广影视局、市统计局、市新闻出版局等委办局给予了关键性的指导，相关行业协会和功能性机构给予了大力的支持，各区县、基地园区、相关企业等单位提供了大量素材和数据，为本报告的顺利编撰发挥了重要作用。上海市互联网经济咨询中心作为专业咨询机构，承担了本报告的研究和编撰工作。

由于成稿仓促，难免有所疏忽，报告不足之处，恳请各位领导、专家和读者不吝赐教。

编者

2014 年 10 月

目录

第一章　产业综述

第二章　领域分析

第三章　区县发展

第四章　园区建设

附　　录

第一章 1

产业综述

第一章

产 业 综 述

近年来,上海市信息服务业一直保持良好发展态势,产业环境不断优化,各指标运行稳健,产业总规模于2013年首次突破4 000亿元,产业拉动效应更加明显,并为后续发展奠定了良好的基础。

一、发展现状

2013年上海信息服务业全行业围绕软件名城建设的总目标,以促进信息消费、自贸区建设为发展契机,积极创新,产业能级迈上新台阶。

(一) 总体规模

2013年上海信息服务全行业实现经营收入4 317.29亿元,同比增长19%(图1),实现增加值1 387.88亿元,同比增长

15.1%(图2),占全市增加值的6.4%,占第三产业增加值的10.3%。截至2013年年底,全行业从业人员47.8万人,本市规模以上信息服务企业近5 000家,其中2013年经营收入超亿元企业381家,累计47家信息服务企业在海内外上市。

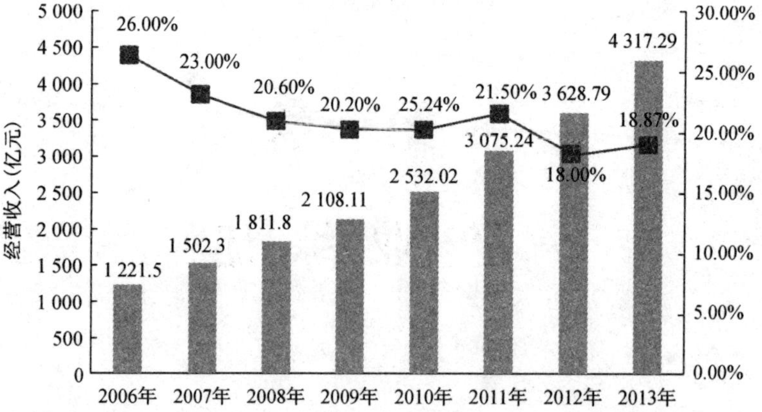

图1 2006—2013年上海软件和信息服务业经营收入及增长情况

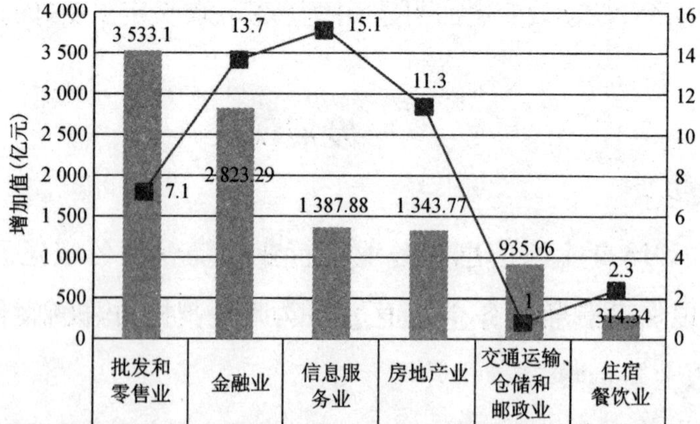

	批发和零售业	金融业	信息服务业	房地产业	交通运输、仓储和邮政业	住宿餐饮业
增加值(亿元)	3 533.1	2 823.29	1 387.88	1 343.77	935.06	314.34
增速%	7.1	13.7	15.1	11.3	1	2.3

图2 2013年上海软件和信息服务业与其他服务业的增加值对比情况

（二）发展特点

1. 产业规模逐步扩大，企业实力逐步增强

信息服务业继2006年踏上千亿元规模、2009年突破2 000亿元、2011年突破3 000亿元的基础上在2013年实现新的飞跃，产业能级跃上4 000亿元，产业总体进入稳步发展阶段，连续多年保持20%左右的增速。

受2012年出台的软件和集成电路企业核心团队专项奖励政策激励，上海年经营收入超亿元信息服务企业数量从2011年的225家增加到了2013年的381家，超10亿元的软件企业数量从2011年的19家增加到了2013年的32家。规模以上软件企业户均年经营收入从2011年的1.27亿元增加到了2013年的1.37亿元。

表1 软件和信息服务规模企业数(户)

年度	2008	2009	2010	2011	2012	2013
超亿元信息服务企业	126	158	173	225	326	381
超亿元软件企业	109	135	150	192	248	306
超10亿元软件企业	13	13	16	19	24	32
超千人软件企业	16	16	24	29	35	41

2. 企业兼并重组增加，业务布局调整频现

软件和信息服务企业通过并购调整业务布局的案例频现。如：华东电脑通过增持控股华讯网络，实施集团多元化战略；金仕达卫宁收购宇信网景，拓展卫生医疗领域的市场份额；海隆软件收购“二三四五”，布局互联网信息服务；科大智能收购永乾机电进军工业机器人。

移动游戏受资本市场追捧，上海的网络游戏市场并购案较为集中。传统企业借助收购，将资本注入新兴的网络游戏产业的案例时有发生。如：梅花伞公司剥离全部资产及负债，以发行股份方式收购上海游族信息技术有限公司100%股权，游族信息因此获得38.67亿元的股权作价而成功借壳上市；顺荣股份斥资20亿元收购“三七玩”。

表2 2013年上海软件和信息服务企业并购简表

序号	企业名称	并购情况
1	上海游族信息技术有限公司	上市公司梅花伞收购游族信息100%股权
2	上海三七玩网络科技有限公司	上市公司顺荣股份收购三七玩60%股权
3	上海海隆软件股份有限公司	海隆软件收购国内著名互联网信息服务企业二三四五100%股权（包括购买瑞信投资和瑞美信息100%股权）
4	万达信息股份有限公司	万达信息通过股权转让和增资两个阶段对四川浩特通信有限公司进行收购，持有浩特通信51%的股权
5	上海金仕达卫宁软件股份有限公司	卫宁软件收购宇信网景60%股权
6	上海宝信软件股份有限公司	宝信软件购买宝钢工程持有的宝悍公司51%股权
7	上海华东电脑股份有限公司	1. 华东电脑通过收购华东系统45%股权，持有华东系统100%股权 2. 华东电脑通过购买、重组，使华讯网络成为其全资子公司
8	上海大智慧股份有限公司	1. 大智慧全资子公司阿斯达克收购解决方案实验室私人有限公司（Solutions Lab Pte Ltd）及其附属公司100%股权 2. 大智慧收购黄孟杰所持莲月网络（已更名为大彩网络）80%股权 3. 大智慧全资子公司大智慧信息科技收购民泰贵金属70%股权 4. 大智慧收购上海龙软公司70%股权 5. 大智慧收购慧远保银100%股权 6. 大智慧收购新加坡新思维100%股权

（续表）

序号	企业名称	并购情况
10	科大智能科技股份有限公司	1. 科大智能收购永乾机电 100% 股权，进军工业机器人领域 2. 科大智能增资控股正信电气延伸产业链，持有正信电气 51% 的股权
11	百视通新媒体股份有限公司	百视通进一步整合旗下互联网视频业务及资源，将东方宽频 100% 股权及欢腾宽频 100% 股权转让子公司风行在线
12	网宿科技股份有限公司	网宿科技拟协议收购银锐科技 100% 股权
13	携程网	1. 携程网战略投资途风旅游 2. 携程网和 DCM 领投易道用车 3. 携程网再斥资入股一嗨租车，收购其 20% 股份

3. 产业基地差异发展，推动产业集群创新

在市级软件园的基础上，2010 年起着手推动市级信息服务产业基地认定工作，截至 2013 年年底，认定市级信息服务产业基地为 18 个。形成了一批以漕河泾开发区、紫竹高新区、浦东软件园、天地软件园等为代表的综合基地和以云计算、数字内容、数据服务、移动互联网等领域为重点的特色基地。全市软件和信息服务业年度经营收入中的 63% 来自各信息服务产业基地，软件和信息服务企业的 70% 集聚在各个信息服务产业基地。而且，这种以基地为形式的产业空间聚集形态正以其溢出效应、辐射效应而日渐显示出逐步向区位交通便利、生活环境和基础设施健全的产业链配套方向扩散趋势。

4. 软件出口增速较快，逐步转型迈向高端

近年来，本市软件产业出口一直处于高速增长状态。2013 年上海软件产业出口达到 24.66 亿美元，比上年同期增长

25.6%,增速远高于同期软件产业增速。软件出口国呈现多元化趋势,出口排名前五位的国家(地区)依次是美国、日本、中国香港、爱尔兰、新加坡。从增速来看,对爱尔兰出口增速最快,超过100%,而对日本出口则呈降势。除受中日关系影响,对日本出口过去主要以低端外包服务为主,在房租、人力成本大幅上涨的情况下,本市外包企业开始逐步转型发展。

二、发展环境

(一) 政策法规

2013年,上海信息服务业出台了一系列政策,具体包括发布实施《软件设计人员奖励办法》、《软件核心团队奖励办法》、《软件出口重点企业认定管理办法》、《规划布局内重点软件企业认定管理办法》4个政策。318家企业的11 006人获得了软件企业设计人员专项奖励9 176万元,35家企业被认定为国家重点软件企业,18家企业被认定为市级重点软件企业,3个软件核心团队获得了1 500万元奖励。

2014年,为落实工业和信息化部印发的《信息化和工业化深度融合专项行动计划(2013—2018年)》以及《上海市信息化与工业化深度融合发展"十二五"规划》、《上海市推进智慧城市建设2014—2016年行动计划》,统筹推进上海"工业云"创新服务试点工作,制定了《上海"工业云"创新服务试点实施方案(2014—2016年)》。

（二）合作交流

在促进行业交流方面，举办了国内外企业对接会和驻沪领事馆沟通会，鼓励自主知识产权软件产品及解决方案“走出去”，增强企业拓展国际市场的渠道和能力。梳理出30个具有海外竞争力的软件产品和解决方案，举办首届上海—美国IT服务项目洽谈会。此外，信息服务业各领域均举办了丰富多样的行业交流活动，如金融信息服务业连续召开两届金融信息服务业论坛和上海金融信息服务业年度峰会。

（三）企业评优

为鼓励支持上海移动互联网企业集聚发展、快速成长，形成移动互联网产业优势，2013年上海全面梳理了全市的移动互联网企业和项目，评选出中国银联股份有限公司等23家企业为上海市第一批移动互联网龙头型企业；上海艾麒信息科技有限公司等24家企业为上海市第一批移动互联网成长型企业；云计算中间件关键技术研发及产业化等63个案例为上海市第一批移动互联网优秀案例。优秀企业和优秀案例的评选有助于有针对性地培育优势企业，扶持新兴业态，提高产业能级。

三、发展形势

本市的信息服务业发展在历经“十五”、“十一五”期间的“黄金十年”高速发展之后，在“十二五”的前3年依旧保持近20%的增速，主要得益于及时以“改革、创新、转型、提升”为主线,充分发挥市场配置资源的决定性作用,着力消除“瓶颈”障碍,营造良好市场环境,激发市场主体活力,努力做到聚焦产业结构优化调整,在新技术、新业态、新模式发展上实现产业提升新突破。2014 年上海信息服务业将以高水平创建“中国软件名城”、扩大信息消费和在自由贸易试验区率先开放“增值电信业务”为契机,坚持“软件产业走高端、信息服务业提能级”发展思路,围绕“名企、名品、名人、名园”的培育和发展,上海市软件和信息服务业将迈上 5 000 亿元新台阶,力争全行业经营收入达到 5 100 亿元的目标。

强劲的信息消费需求将成为软件产业的新驱动力。随着 4G 牌照的发放、宽带互联网的普及以及智能手机、平板电脑等智能终端的快速发展,面向通信、网络等方面的消费需求呈现迅猛增长的态势,推动移动支付、移动电子商务、位置服务等个人信息消费市场需求不断释放。同时,智能家居、智能汽车、智能房屋等领域也将产生强烈的信息消费需求,推动企业级软硬件及整合服务快速增长。国务院发布了《关于促进信息消费扩大内需的若干意见》(国发〔2013〕32 号),上海市也发布了《上海市贯彻〈国务院关于促进信息消费扩大内需的若干意见〉行动纲要(2014—2017)》,将加速信息消费成为产业增长的新立足点。此外,经济转型调整的加速以及工业化和信息化深度融合进程的加快,也将释放出巨大的需求,拓宽软件产业的发展空间。

新兴领域高速增长推动软件和信息服务业发展。经过前两年的概念炒作，云计算、移动互联网等新技术、新业态进入加速落地应用阶段，朝着理性健康的方向发展。在云计算、移动互联网、物联网等新技术新应用快速发展的带动下，海量数据日益成为企业的重要资产，带动大数据产业蓬勃兴起。同时，受到"棱镜门"等信息安全事件影响以及国家软件本土化政策带动，信息安全软件也将进入加速发展期。智慧城市建设也将拉动 IT 投资，为政务、交通、医疗、教育、城管等领域的信息技术服务企业带来大额订单，使软件和信息服务业业务保持快速增长。

第二章 2

领 域 分 析

第二章

领域分析

软件产业、网络视听、互联网教育、互联网金融、云计算等领域是上海信息服务业的重要组成部分，在全行业保持平稳增长的同时，2013 年，这些领域均实现了一定的突破发展，并涌现了一批值得关注的企业。

一、软件产业

（一）发展现状与特点

2013 年，上海软件产业实现经营收入 2 464.9 亿元，同比增长 18.2%。实现利润总额 352.6 亿元，比上年同期增长 18.2%，平均营业利润率为 14.3%。软件出口达到 24.66 亿美元，比上年同期增长 25.6%。从业人员 34 万人。

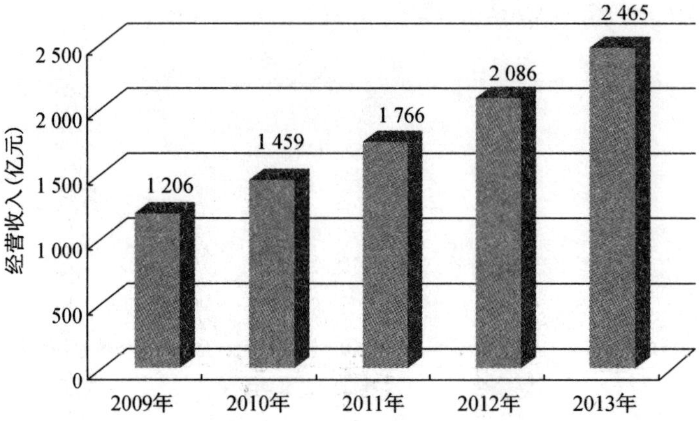

图3　2009—2013 年上海软件产业经营收入增长情况

截至 2013 年年底,上海累计认定软件企业 2 226 家,其中 2013 年新增认定软件企业 493 家。2013 年经营收入超亿元软件企业 306 家,经营收入超 10 亿元软件企业 32 家,人员规模超千人的软件企业 41 家。

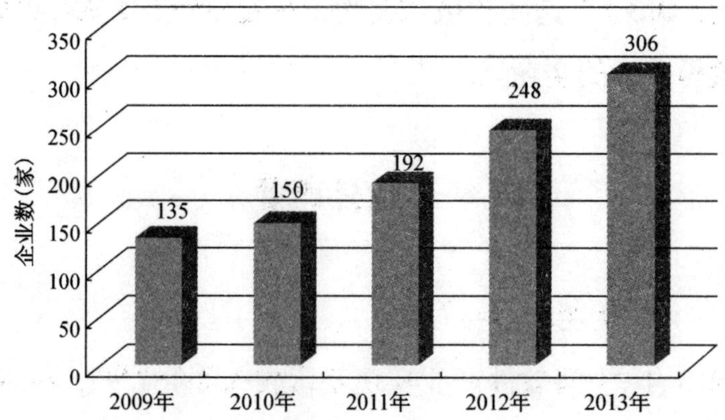

图4　2009—2013 年上海超亿元软件企业数量

2013 年全年新增登记软件产品 4 843 件,较上年增长 18%,

其中进口软件产品登记133件。

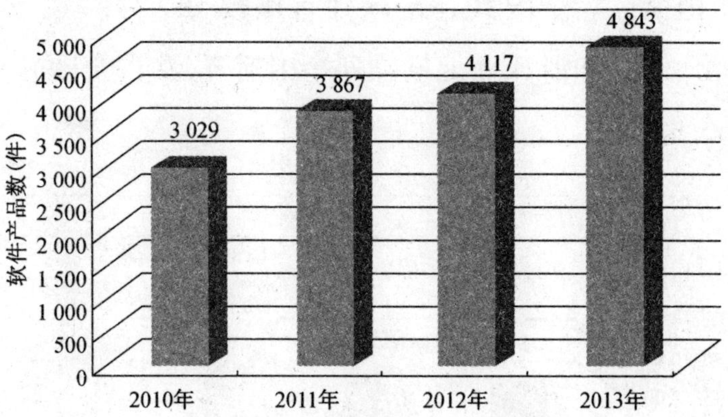

图5 2010—2013年上海年度登记软件产品情况

截至2013年,上海共有248家软件企业通过系统集成企业资质认证,较2012年增长19.23%。其中一级资质12家,二级资质41家(新增3家),三级资质105家(新增17家),四级资质70家(新增20家)。获得计算机信息系统工程监理资质的企业17家,计算机信息系统集成项目经理2 706名(高级项目经理714名)。

表3 2013年全国主要地区系统集成资质企业数量(家)

项 目	一级资质	二级资质	三级资质	四级资质	合计
全国	244	594	2 651	1 255	4 744
北京	86	151	552	145	934
广东	18	51	304	168	541
深圳	20	47	138	62	267
浙江	15	29	145	61	250
上海	12	41	105	70	248
江苏	14	33	106	81	234

2013 年上海登记软件著作权 14 990 项,同比增长 16.98%,位列全国第三。全国共登记软件著作权 164 349 项,北京、广东、上海、江苏和浙江登记量位列全国前五,共占全国软件登记量的 66.95%。

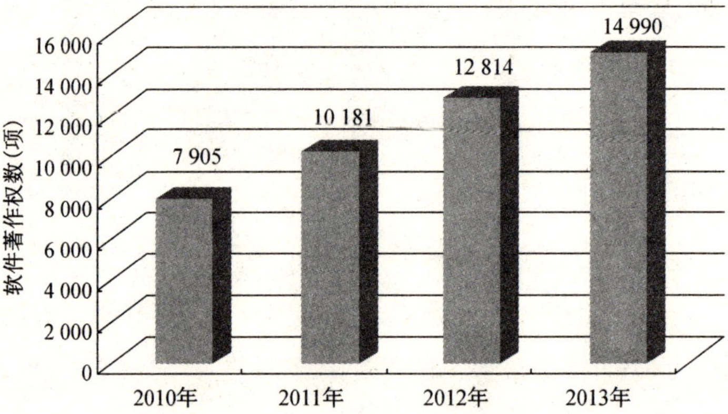

图 6 2010—2013 年上海软件著作权登记数量

表 4 2013 年全国软件著作权登记情况

项 目	软件著作权登记数量(项)	占全国百分比(%)
全国	164 349	100.00
北京	41 721	25.39
广东	26 535	16.15
上海	14 990	9.12
江苏	14 917	9.08
浙江	11 863	7.22

基础软件形成了较为完善的产业链,拥有一批知名的企业。对 200 多家市级预算单位开展基础软件宣传与培训,形成良好的市场环境,吸引微软将其云计算总部(OFFICE365、AZURE)落

户上海。

应用软件在各领域有所突破。在医疗卫生行业应用软件开发方面，形成了以万达信息、金仕达卫宁等上市公司为龙头，岱嘉、复高、龙骑、天健源达等企业为骨干的开发运维力量；在城市交通、轨道交通方面电科智能、中海科技、宝康、铁通信号、卡斯柯等大型软件企业已发展成为国内领先企业；鼎捷软件在先进制造企业成为中国最具影响力的 ERP 企业管理软件与服务供应商之一。

工业软件方面，以宝信软件为代表的钢铁领域逐步形成自动化工程总包能力，其智慧应用开发平台实现了海量存储，管理系统再依据数据库的实时信息，分析、制定出正确决策；在船舶制造领域，东欣软件已成功应用于国内 50 余家大中型造船企业。

（二）重点企业

1. 宝信软件

宝信软件股份有限公司（以下简称宝信软件）2013 年全年实现营业收入 35.81 亿元，利润总额 3.30 亿元、同比增长 7.11%。在 2013（第十二届）中国软件业务收入前百家企业中名列 25 位。在中国自主品牌软件产品前十家企业中名列第二。在工信部《2013 年中国软件和信息技术服务企业竞争力报告》中获得工业软件领域第一名，成为国内工业软件领导者和最具影响力的 IT 服务品牌。

宝信软件获得的各类奖项包括上海市市长质量奖殊荣、中国设备管理协会优秀工业软件服务企业、推进上海车联网产业发展科技创新优秀单位(上海车联网与车载信息产业联盟、上海车联网与车载信息服务产业技术创新战略联盟、上海车联网技术标准创新联盟联合授予)。子公司宝康电子荣获由中国交通运输部科学研究院交通科技交流中心和中国交通技术网评选的“最具影响力交通信号控制器品牌”以及“最具影响力电子警察品牌”两个奖项。

2013 年宝信软件在企业发展方面主要开展了战略转型、投融资、战略合作等工作。

战略驱动,转型发展。宝信软件根据对经营环境和自身能力判断,明确了在新一轮发展战略中明确战略定位:数字化提升企业竞争能力,智能化构筑社会美好未来,成为中国领先的工业软件行业应用解决方案和服务提供商。明确长远发展目标,即:打造以工业软件为核心业务的百亿级软件企业。2013 年宝信软件全面落实新一轮发展战略,明确了“优化存量,谋求持续稳步发展”和“做大增量,支撑超常规发展”的发展策略,实现市场结构和业务结构两个转型,为战略目标的最终达成奠定坚实基础。

精心策划,投融资工作实现突破。2013 年宝信软件在投融资方面实现突破。启动非公开发行 A 股股票工作,募集资金 6.5 亿元,投资建设宝之云 IDC 一期项目、中小企业信息化软件产品项目。宝信软件依托公司的技术能力和市场化运作经验,通过资本方式促进与合资对象的共同发展,开拓探索新兴行业市场和探索新商业模式。2013 年已完成与申通集团合资成立上海地铁电子科技有限公司。与上海外服共同出资成立一家以人力资源行业信息化业务为主的公司。

探索战略合作发展新模式,实现资源整合共赢。宝信通过与中国电信、阿里巴巴等业内巨头强强合作,快速形成资源集聚效应,在数据中心(IDC)领域快速形成业务能力、形成新的业务增长点;历时两年建设的云计算关键技术与产品研发、宝之云云服务中心项目建设顺利完成,正式对外提供云计算运营服务。

全面提升能力,加强业务转型和市场转型。2013 年宝信加大市场转型力度,在巩固已有市场的基础上,加强轨道交通、石化、有色等非钢市场领域的开拓。通过强化总部、区域、分子公司的营销互动,多渠道开源,在公共领域业务保持了 2012 年开始的良好增长势头,在交通、智能化、石化、有色领域业务有了长足进步;在业务结构转型方面,为促进公司商业模式由工程为主向工程、服务、产品并举的模式转变,公司层面成立了产品销售事业部,以此为平台对外销售公司自有品牌软硬件产品。

大力推进研发工作,提升核心竞争力。宝信明确产品发展规划,新设立创新基金,鼓励广大员工与企业共同发展。加强重点产品研发,以推进产品经理制为手段,公司级 12 个重点研发项目开展顺利,高性能中大功率变频产品、宝之慧平台等产品发布或投入应用;科技政策利用上有多个项目获得国家和地方重点支持,累计申请专利 33 件,完成软件著作权登记 79 项,产品登记 58 件。

加强精细化管理，提高运营效率。2013 年宝信进一步推行“简单、速度、成本”的管理理念，持续改善内部管理。为整合资源、聚焦行业市场、鼓励自我创新发展，2013 年实现组织机构变革，推进更多行业事业部独立运作；推行项目经理制，优化过程管理方法，持续提升过程管理软实力；通过改善考核制度、推进降本增效、加强资金管理等工作，保障企业经营良性运转、完善全面风险管理和实现公司健康发展。

2. 万达信息

万达信息股份有限公司（以下简称万达信息）成立于 1995 年 12 月，是国内领先的智慧城市综合软件和服务提供商，是国内最早专业从事城市信息化领域服务的企业之一。历经多年发展，万达信息在城市信息化各行业积累了丰富经验，形成了突出的行业软件与服务优势。公司以行业应用软件（Software）、专业 IT 服务（Service）和系统集成（System Integration）作为三大主营业务，为各行业提供整体解决方案。2013 年，万达信息各项业务保持了持续、平稳、健康的发展。公司实现营业收入 12 亿元，同比增长 37.11%；实现利润总额 1.4 亿元，同比增长 14.47%。

万达信息作为城市信息化领域的领先企业，拥有国际一流的专业资质。万达信息是全国首家整体通过 CMMI5（软件能力成熟度集成模型）评估的企业。截至目前，万达信息已通过 CMMI V1.3 五级评估、ISO9001：2008 质量管理体系认证等，在软件过程改善能力和项目管理水平上达到国际最高标准。万达信息具有国家计算机信息系统集成一级资质，自 2002 年评审资质初始以来历年被列为"国家规划布局内重点软件企业"。

万达信息在城市信息化的实践获得了主管部门的高度认可，先后获得国家发改委颁发的"国家高新技术产业化示范工程"资质证书、科技部授予的"十五"国家现代服务业软件产业化基地称号、原信息产业部授予的"国家信息产业科技创新集体"称号、"中国十大创新软件企业"，并被科技部、国务院国资委、中华全国总工会评为"国家第四批创新型试点企业"，以及被国家科学技术部火炬高技术产业开发中心评为"国家火炬计划软件产业基地骨干企业"。

2013 年，万达信息围绕行业应用软件、专业 IT 服务及整体解决方案三大主营业务，在智慧民生服务等行业的优势地位进一步巩固。积极加快全国拓展的步伐，进一步完善在市场营销方面的能力。万达信息围绕主营业务在全国各地设立的分子公司累计已达到 41 家，覆盖全国。2013 年万达信息继续保持对研发的投入，主营业务领域的产品研发能力不断提升，报告期内新增专利 2 项，主要软件著作权 59 项，为技术产品化打下了基础，5 个募投项目执行完毕。2013 年万达信息围绕五大战略目标，通过坚持不懈的努力取得了丰硕的成果。

(1) 行业做深做透，市场地域做大做广。万达信息集中力量在城市信息化的民生服务等优势行业继续做强、做深，将成熟的行业性应用产品和解决方案向全国和全球进行推广，继续保持在这些细分行业中的领导地位，扩大领先优势。2013 年，继续在以医疗卫生、社会保障、电子政务、市场监管等优势行业中业务进一步拓展，保持全国行业龙头。成功申报获批“国家卫生信息共享及应用工程技术研究中心”。2013 年获得国家科学技术进步二等奖一项和教育部科技进步一等奖一项，成为 2013 中国软件收入百强企业。

(2) 创新开拓新领域。2013 年万达信息在平安城市、金融保险、文化创意等细分行业中，确定了新的标杆，业务不断发展。首批通过国家 ITSS 认证，成为国家信息技术服务分会副会长单位。获得“2013 年中国十大创新软件企业”荣誉。

(3) 业务模式创新。2013 年万达信息持续保持技术创新研发的高投入比率，实现创新智慧城市应用。牵头成立了上海大数据产业技术创新战略联盟。在智慧城市建设中公司持续不断进行基于云计算的业务和运营模式创新，取得相当进展。在智慧城市方向开展了 BT 业务，拓展了业务模式。

(4) 通过收购兼并，快速扩大规模，提高公司综合竞争力。2013 年 6 月万达信息增资控股了四川浩特，进入了平安城市应用领域，已于 2013 年 12 月公告了中标 3. 48 亿元的 BT 合同。

(5) 积极拓展国际业务，实现走向世界的目标。2013 年万达信息进一步发挥美国子公司的技术窗口作用，保持与国际先进技术的同步，加强国际国内技术体系的结合。公司紧密跟踪大数据、云计算、物流网、移动计算等最新技术发展动向，积极前沿技术储备布局和产品研发。

二、网络视听

（一）发展现状与特点

上海网络视听市场规模和受众数量快速增长，商业模式日渐清晰成熟，代表性企业集聚。网络视听已成为上海信息服务业十分活跃的增长点，也是互联网的重要应用之一。根据对主要企业的测算，2013 年上海网络视听产业增速约 30%，产业发展呈现出新的动向：

（1）内容差异化发展成为业务核心。随着内容版权购买的理性化，网络视听进入了比拼“内功修为”的阶段，网络视听企业纷纷将业务核心聚焦在打造特色鲜明的内容产品方面。如，PPS 成立爱频道，通过与视频制作机构、团队、个人、院校等合作，扶持原创内容，爱频道平台日均上传量已突破 5 万个，成为 UGC（用户生成内容）的重要集聚地；PPTV 着力培育差异化旅游品牌，以深度旅游和极致旅游内容为基础，力争将其旅游频道打造成国内旅游原创视频产品的最大生产地。

（2）移动端渠道成为布局热点。随着 3G 网络不断优化完善和 4G 网络启动建设，移动端市场对行业的吸引力不断升温，成为网络视听新的热点“战场”。如，PPTV 先行先试，率先登陆南京公交车上的移动 4G 网络终端页面，向公交乘客免费提供内容播放服务；PPS 开发“绿尾巴”视频分享技术，实现多端智能交互，并上线多档移动端定制节目。

(3) 用户体验成为竞争"王牌"。网络视听企业将用户体验作为关注重点,不断创新完善产品,积极提升用户体验。如,PPS 聚焦内容播放质量,自主研发支持 H. 265 视频标准的客户端"臻高清",率先实现了 1080P 全高清视频在线播放。

(4) "走出去"成为发展新策略。网络视听企业瞄准海外市场大量的用户规模以及较大的发展潜力,积极拓展国际市场。如,PPTV 借力微软 Windows Azure 公共云服务平台,在全球拓展业务,目前服务范围已涵盖 12 个国家和地区。

(二) 重点企业

1. 聚力传媒

2013 年,上海聚力传媒技术有限公司(以下简称聚力传媒)通过进一步深化和夯实媒体战略,坚持内容为王,重点对亚洲娱乐营销(AEM)和体育娱乐营销(SEM)两大内容双塔进行差异化运营,着力于移动终端的高端用户体验,强化和发挥直播这一核心竞争力的优势,明确娱乐互动视频新媒体的属性和定位。

2013 年,聚力传媒继续聚焦移动互联网领域,以"打造聚力传媒动终端高端用户体验"为核心目标,进一步扩大其在移动终端市场布局的领先优势。全年营收约 4.2 亿元,PC 客户端下载量 10 亿户,用户规模 3.6 亿户,注册用户数 1.2 亿户,移动端总安装量 2 亿户。2013 年获得省市级以上奖项包括上海市五一劳动奖状、上海市 2A 级安全网站、全球移动互联网大会最佳移动广告效果奖、艾瑞最佳创新力奖等。此外,聚力传媒 2013 年开展了不少重点项目,其自制节目取得了较好的市场效益。

借助微软 Windows Azure 服务，聚力传媒打造全球最大云平台。2013 年微软 Windows Azure 公有云服务正式落地中国。聚力传媒作为首家与微软在云计算平台合作的中国新媒体，利用这次机遇，进一步拓展国内的一云多屏的电视服务；引领国内电视内容产业走出国门；结合三网融合的市场需求，加速亚洲电视网的中国业务拓展。聚力传媒于两年前开始筹备基于云的 ATN 平台，旨在为海外客户提供一套易用付费的电视云平台，帮助其以较低的成本搭建付费电视服务。藉 Windows Azure 助力，聚力传媒 ATN 业务在全球迅速拓展，目前业务已开展将近 12 个国家和地区的电视上网服务，包括越南、泰国、印尼、日本、新加坡、大马以及欧洲、北美等。

引入战略投资，聚力传媒打造视频全产业链。聚力传媒与苏宁云商、弘毅投资在北京联合宣布，苏宁和弘毅将联合战略投资聚力传媒，交易规模 4.2 亿美元，并持续确保聚力传媒在资金和战略资源方面的行业领先优势，在产业链整合、多屏互动体验、媒体内容及视频开放平台方面实现跨越式发展，加速视频行业格局的演变。

聚力网综合日均覆盖同比增长 40%，获艾瑞 13 年最佳创新奖。聚力传媒凭借在 PC 终端以及移动终端综合日均服务覆盖的领先优势获得艾瑞 2012—2013 年度中国网络电视软件—最佳创新力奖，并获评中国互联网用户总资产 Top10。根据艾瑞提供的分析数据显示，聚力网在综合服务日均覆盖指标上自 2012 年 2 月起至 2013 年 1 月始终保持稳定的增长势头，2013

年1月聚力网综合日均覆盖相比2012年同期增长40%，居于行业领先位置。此外，聚力网经过艾瑞咨询针对互联网领域的综合评选，同时获评中国互联网用户总资产Top10，其用户规模与用户黏性受到业界认可。

聚焦重点项目，聚力传媒夯实业内领先地位。聚力传媒邀请梦野（中国著名环球旅行家、《行家》旅游杂志主编）出任其旅游频道主编和制片人，聚力旅游频道以深度旅游和极致旅游内容作为基础，打造国内旅游原创视频产品的最大生产地，塑造差异化旅游品牌。聚力传媒联手万达大歌星共同打造的《我是大歌星》项目影响范围广泛。聚力传媒联合英扬·万盈、广西卫视强力打造《女神办公室》是中国内地的首部多屏联动情景喜剧。聚力传媒参与投资制作的中国首部爱情治愈电影《三月情流感》取得千万票房，同时获得了业内外的好评。此外，2013年聚力传媒和江苏卫视达成为期2年的全频道独家战略合作。从2014年开始，聚力传媒将独家播出江苏卫视旗下所有节目。

2013年聚力传媒在移动互联网视听方面取得了一定成果。聚力传媒与江苏移动达成合作，充分利用南京公交车的4G WiFi网络，提供免费服务，公交乘客无需消耗手机流量。聚力传媒联合国内最大的移动应用统计分析及开发者服务平台友盟发布中国首份移动视频用户分析报告PP指数，可以为广告投放提供专业用户分析及权威价值。

2. 众源网络

2013年上海众源网络有限公司（以下简称众源网络）总收

入超过 8 亿元，同比增长 35%，主要来自视频广告收入、游戏收入以及版权分销和会员服务，其中视频广告收入占到全年营收 70%，游戏收入占总营收 25%，增长迅速。年纳税总额达 5 700 万元。2013 众源网络与爱奇艺合并成为中国最大的网络视频平台，合并后仍作为独立品牌进行运营。双方在业务上互补性强，众源网络核心价值团队保持原来的组织架构不变。平台打通以后，既做大了规模又能减低成本，特别在移动互联网领域，强强联手，有效加强移动视频领域的战略布局、发挥行业竞争优势。众源网络的品牌定位从长视频播放工具重新定位为提供丰富内容的视频娱乐平台。

2013 年众源网络主要围绕“爱频道”（UGC 业务）、“臻高清”（高清视频服务）以及移动视频业务这三个重点方向开展工作。

众源网络投入 6 000 万元成立爱频道事业部，将 UGC 业务提升为公司重要战略方向，探索全新的短视频商业模式，扶持原创力量。众源网络通过与全国的视频制作机构、团队、个人、院校合作，将多年积累的商业渠道向原创团队开放，利用公司成熟的市场运作能力，帮助“爱频道”平台上的优秀作品实现自身价值。统计数据显示，“爱频道”日均上传量突破 5 万个。众源网络依托“爱频道”平台，推出《毕业影像大赏》公益活动，开启与全国专业院校的合作计划。

众源网络推出国内首个自主研发、支持 H. 265 视频标准的客户端，打出“全互联网最极致画质”口号，并取名“臻高清”，率先实现了1080P全高清视频在线播放。

2013年,众源网络成功扩大移动端领先优势。第一,在移动端引入H.265高清技术,成为全球首家在手机移动客户端应用H.265技术的视频网站;第二,开发"绿尾巴"视频分享技术,实现多端智能交互;第三,打通CDN与P2P网络传输架构,降低带宽投入成本;最后,PPS上线多档移动端定制节目,满足用户丰富需求。众源网络移动端在月度用户覆盖、月度总使用次数和月度总有效时长三大数据标准上均排名行业第一。

三、互联网教育

(一)发展现状与特点

上海的互联网教育市场在全国起步较早。2000年,复旦大学与交通大学经教育部批准,设置网络教育学院,正式对外招生,引领了我国互联网教育的早期形态。上海是全国互联网教育环境较完善的城市之一。上海将"数字教育"作为激发信息消费需求潜力的重点行动,纳入了《上海市贯彻落实〈国务院关于促进信息消费扩大内需的若干意见〉行动纲要(2014—2017年)》。以沪江网为代表的互联网教育领先企业落户上海,沪江网是全国最大的互联网学习平台,提供10多种语言学习服务以及亲子启蒙、中小学、职场技能、艺术培训服务,有5 000万注册用户、200万付费用户,2013年沪江网获得2 000万美元的巨额风险投资,创下互联网教育领域近年来最大单笔融资纪录,公司估值近20亿元。

上海也是全国互联网教育优势资源集聚地。全国首家互联网教育创业基地在上海揭牌，基地以探索提升产业自主创新能力为使命，旨在为小微互联网教育机构搭建良好的创业平台，逐渐成为“中国教育硅谷”核心区，力争培育20家左右的上市企业。全国首支互联网教育专项产业基金——互元基金在上海成立，重点扶持互联网教育创业者和创业团队。行业影响力较高的活动品牌在上海涌现，如，互联网教育创业之星评选活动旨在提升企业创新创业热情，为投资人和创业者提供信息渠道，全国上千家互联网教育企业参与了2013年的评选；互联网教育创业者大会旨在加强行业互动交流、促进产业链对接，2013年的大会吸引了500多名业内人士参加。

（二）重点企业

1. 沪江网

沪江网（www.hujiang.com）是全国最大的互联网学习平台，专注于提供专业、高效的互联网学习服务。旗下业务包括教育门户网站、网络SNS社区、教育电商平台以及国内首创的在线互动教学平台沪江网校等。学习内容涵盖10多种语言、中小学教育、亲子启蒙、职场技能、艺术兴趣等，产品覆盖电脑端、平板端、手机端及电视端，为3～70岁全年龄阶段人群提供优质学习服务。

沪江网创办于2001年，网站最初是一个以语言学习为主的BBS论坛，之后经历了5年公益化运营。2006年，公司创业伙伴组成8人团队,开始了沪江网的公司化运营。从最初的外语学习论坛发展至今,现已成为拥有700名全职员工、2 000名兼职员工,影响力辐射3亿学习者、7 000万注册用户、300万学员的大型互联网教育企业,在行业居于龙头地位,也是上海市唯一一家获得由国家教育部直接颁发现代远程教育资质的互联网教育企业。2013年获得2 000万美元的B轮融资,创下当年国内互联网教育领域最大单笔融资纪录。

沪江在发展过程中,形成了"以用户为中心、追求卓越、务实专注、团队协作、守信尽责"的企业精神,拥抱变化,不断创新。2005年首个免费在线外语学习型互动社区——沪江部落正式上线,2009年首个多媒体创新学习方案——沪江网校诞生,再到如今以"移动网校"、"开心词场"为代表的移动互联网端应用全面铺开,安装量已突破3 000万次,并荣获移动互联网应用创新奖。沪江网一直引领着学习新潮流,把握住了传统互联网和移动互联网两大市场,开创互联网教育新局面。

互联网教育作为上海"新产业、新技术、新模式、新业态"即"四新"发展的新亮点,2012年11月,在时任市委书记俞正声发来贺信的《上海现代服务业"五新"100例》首发式活动上,沪江网以新模式、新业态、新技术入选上海现代服务业"五新"100例首家企业,沪江网创始人兼CEO伏彩瑞作为唯一一家民营企业的代表受邀出席。

沪江网坚持建设"终身教育全民学习平台",助力上海打造"学习之城",推动智慧城市的发展,致力于上海互联网教育产业的发展和产业链的完善,2013 年举办了第一届互联网教育创业者大会,会上全国首个互联网教育创业基地正式成立,并发布了全国首支互联网教育专项产业基金——互元基金。

沪江网坚持用互联网去实现教育公平,促进教育资源的均衡发展,向农村地区、边远贫困地区和民族地区倾斜输送沪江优秀的教育资源,加快缩小教育差距。沪江网联合上海慈善基金会组建沪江公益项目,联合团中央上海市委员会多次开展来沪青少年关爱捐赠活动,从 2012 年开始至今,已连续 3 年携手科技部,通过科技列车行的活动为贫困地区学生送上沪江网的优质互联网学习资源。

伴随着公司的发展,新闻媒体对沪江网的关注越来越热烈。从创立至今,沪江网得到了新华社、中央电视台、解放日报、凤凰卫视等数百家媒体的报道与关注。作为上海互联网企业的代表,沪江网蝉联上海市政府唯一认可、上海市网站评选最高荣誉——第四届、第五届、第六届上海市优秀网站称号,并荣获上海市企业文化示范基地、浦东新区文明单位等近百个奖项或荣誉称号。

2. 蓝卓教育

上海蓝卓教育信息科技有限公司(以下简称蓝卓教育)2004 年成立于上海,从短信移动校园到 App“微课堂”,蓝卓教育是教育信息化运营服务理念倡导者,也是中国最早的移动学习服务运营商。蓝卓秉持以互联网技术推动教育改革创新的理念,致力于不断满足客户需求,为教育培训行业提供领先的移动学习解决方案和平台运营外包服务。

目前蓝卓的主要市场领域分布在高等教育、职业教育、社区教育和行业培训领域。蓝卓公司在该领域已拥有数十项专利、商标等知识产权，并荣获业内权威机构评定的“中国教育软件领域最具影响力产品奖”、“中国信息化成果 · 教育行业优秀服务商”、“教育行业移动学习领域最佳产品奖”等奖项。

蓝卓在教育领域的第一个产品是“蓝卓移动校园”，是一款基于短信对学生进行管理和服务的产品。通过蓝卓管理平台，学校的管理人员可以登录该网站，并发送信息，学生可以以短信的形式获取并回复信息。产品覆盖了全国30个省市的电大。

蓝卓在移动互联网方面转型“微课堂”产品是真正基于SAAS模式的移动互联网产品。在原来教学、管理和服务的基础上，增加了学习的部分，比如课件、测试、考试、答疑、教学评估等：从软件层面开启了教育环境信息化与教育内容信息化的无缝融合。手机、ipad都可以运行，是一款适合年轻人的、真正的SAAS应用，有网络的情况下就可以在线学习，或下载课件，因而没网络时也可以学习。因此，这款产品将碎片化时间和移动互联网最大的优点——便携性有效地结合在了一起，搭建了一个“随时随地学习”的环境。

截至2013年12月底，有300所学校使用了蓝卓微课堂，有50万学生用户活跃在蓝卓微课堂的平台上，有近万门课程资源在丰富着大家视界，有上千名师资力量在提供着服务支持。

蓝卓为每一位用户提供专业的平台运营服务，包括开展微课制作培训、线下沙龙、移动学习名师圈等。蓝卓通过与学校共同创建优质课程，引导学生建立有趣的小组学习圈；在微课堂的社区中持续进行日常热门话题的运营，保持学生活跃度、吸引更多学生主动加入、丰富学生校园文化生活，从而大幅提升学生对学校的黏度，这些都是使用微课堂的用户能享受到的优质运营服务。

此外，蓝卓发展了一批拥有优质资源的合作伙伴，院校可以使用相关资源尽快展开卓有成效的移动学习。如果用户需更专业的课件，蓝卓课件制作中心也可以订制专业的精品微课。院校间还可以将课件资源互惠互享，让每一门微课发挥出最大的价值。

四、互联网金融

（一）发展现状与特点

互联网金融的发展对于上海"创新驱动、转型发展"有着重要意义。在上海创建国际金融中心的过程中，互联网金融也是促进传统金融服务业转变的重要力量。目前互联网金融已成为上海信息服务业增长的驱动力之一，是转变经济发展方式的重要环节。

互联网金融作为电子商务之后集聚资金流、信息流的最有效手段，将会成为金融机构实现创新发展的"蓝海"而引来爆发增长的新兴产业。上海借助国际金融中心和自贸区建设的优势,软件、金融领域的专业人才和复合型人才集聚,获得了诸多互联网金融优势资源,成就了一批面向保险、银行等领域具有国内外竞争力的金融软件产品;培育了专业证券投资咨询、金融工程和财经数据分析、海量财经信息交互等特色金融信息平台,具有发展成为全球金融资讯服务平台的潜力和扎实的产业基础。当前上海市互联网金融已经形成了独具特色的发展格局,2013年经营收入近200亿元。2013年上海第三方支付收入超过165亿元,共有54家第三方支付企业获得央行颁发的《支付业务许可证》,较2012年同期增长近40%。上海网络信贷处于全国领先水平,率先成立了网络信贷服务业企业联盟,在集聚企业、加强自律、风险防范、宣传推广等方面作用突出。目前共有联盟成员企业20家,其中9家主要P2P平台2013年交易额超过60亿元。上海已发展成为我国互联网金融集聚中心。

(二)重点企业

1. 汇付天下

汇付天下有限公司(以下简称汇付天下)于2006年7月成立,投资额近10亿元人民币,核心团队由中国金融行业资深管理人士组成,致力于为中国小微企业、金融机构、行业客户和投资者提供金融支付、账户托管、理财平台等综合支付服务。

汇付天下拥有中国人民银行颁发的《支付业务许可证》,中国证监会批准的《网上基金销售支付结算许可》,国家外汇管理局颁发的《跨境支付业务许可》,是中国支付清算协会常务理事单位。

汇付天下成立以来保持高速发展,2013 年交易规模逾万亿元,居行业三甲。目前,汇付天下已经为全国逾百万小微企业、国内 95% 商业银行、数百家领先 P2P 公司提供综合金融支付服务;为 200 万投资者和理财顾问提供一站式理财平台;行业合作伙伴覆盖航空、酒店、物流、教育、连锁行业等。

汇付天下总部设于上海,在北京、深圳、广州、成都、武汉、济南、青岛、南昌等 30 多个城市都设有分公司,服务于中国多元化城乡结构和小微企业复杂需求的差异化市场。

汇付天下核心团队由中国金融行业资深管理人士组成。在各级政府部门的关心和指导下,汇付天下实现行业多个"第一"的里程碑式的突破。包括:首家获得中国证监会批准开展网上基金销售支付服务;首批获得中国人民银行颁发的《支付业务许可证》;首批获得国家外管局批准的跨境支付全业务试点牌照;科技部首批认定"国家现代服务业创新发展示范企业";国家发改委"国家电子商务试点城市"的首批试点,也是中国支付清算协会网络支付工作委员会副理事长单位。

1) 主营业务发展情况

汇付天下将服务全国小微企业作为企业发展战略。凭借创新和效率,为小微企业提供最专业的金融支付服务,目前已拥有全国近百万家中小微商户和数百万个人理财客户。汇付天下目前稳居国内第三方支付行业前三位的市场地位,在航旅、基金理财等支付领域排名第一,在 POS 收单领域增量居行业第一,在移动支付等新兴领域也快速取得领先优势。根据 2013 年 7 月工信部直属的赛迪顾问发布的《中国第三方支付行业半年度研究报告(2013H1)》显示,汇付天下以6.2%的市场份额位列中国第三方支付行业综合排名第三。

2）企业新业态新模式

在面向小微企业的服务上,汇付天下针对中国多元化城乡结构和小微企业差异化的市场需求,创新金融收单服务直销和外包结合的ISO服务模式,补充金融服务的市场力量;2013年,汇付天下推出了创新产品“红POS”,在全国试行收单服务车,推广汇付POS收单手机客户端,试行POS mini移动刷卡器,发布信用支付2.0产品,为其超100万户的小微商户提供更快速安全和更贴心的金融支付服务;2014年年初,汇付天下正式推广红POS 2.0产品,结合电子签名功能,致力于提高小微服务整体效率,降低商户不必要的损失。

在针对金融同业的服务上,汇付天下创新为各类金融机构提供不同的托管服务。2012年起,汇付天下致力于为银行等金融机构提供各类金融支付相关的托管服务;2013年,汇付天下建立了国内首个第三方P2P托管账户体系,国内逾百家P2P网贷公司已接入汇付天下P2P托管账户;2013年汇付天下成立子公司汇付科技有限公司,为各行业提供账户处理系统托管运营及增值服务,打造“卡慧服务平台”。

在金融理财领域,汇付天下2010年创新推出一站式理财平台天天盈,该平台实名注册用户数已突破200万户,支持50家基金公司、32家银行和近900只热门基金申购的一站式服务,实现“投资者持任意银行卡，随时随地购买任意基金公司的直销产品”的目标。针对专业理财领域，汇付天下推出了国内首个服务于理财顾问的一站式互联网理财投资服务平台“云财富”，提供包含信托、保险、公募基金等多种理财产品的一体化网络理财服务。

在对行业客户的金融服务上，汇付天下创新研发的“钱管家”系统致力于提升传统分销行业的电子商务水平，2006 年开始即已逐步得到了包括航空、酒店、物流、教育等诸多行业的广泛应用，全面提升传统行业的资金周转。2013 年 10 月，汇付天下首批获得了跨境支付的试点牌照，进军跨境航空旅游、留学教育、货物贸易等业务的蓝海市场。

2. 拍拍贷

成立于 2007 年 6 月的上海拍拍贷金融信息服务有限公司（以下简称拍拍贷），位于上海张江的浦东软件园（国家级软件园区）。2012 年 4 月，拍拍贷经上海市工商局批准，公司名称变更为“上海拍拍贷金融信息服务有限公司”，成为中国第一家具有“金融信息服务”经营资质的 P2P 网络信贷企业。拍拍贷的创始团队毕业于上海交通大学、复旦大学、宾夕法尼亚大学沃顿商学院等国内外著名高校，并曾分别在美国微软公司、中国工商银行、民生银行、麦肯锡咨询等金融、科技类企业担任中高层管理人员。

拍拍贷是继英国 Zopa 和美国 Prosper 公司之后的世界最早的互联网在线借贷平台企业之一，同时是中国国内时间最早、用户数量最多的网络借贷信息中介平台，主要帮助小微企业主获得生产经营性民间借款，同时提高社会闲置资金的配置效率并增加投资渠道。

1）主营业务发展情况

拍拍贷主要为个人信贷业务提供一站式服务，公司为出借人与借款人建立了一个安全、高效、诚信的网络中间平台。

拍拍贷运用大数据分析进行风险管理以控制信贷风险，通过互联网技术缓解小微信贷领域融资难的问题。目前，拍拍贷注册用户超过150万人，遍布除港澳台地区以外的全国各省、自治区、直辖市，已帮助近7万个小微企业主和个人完成超过9万笔的融资服务，融资总额近人民币9亿元，平均单笔借款金额约1万元人民币。

拍拍贷作为撮合借款交易的中介平台，为客户提供了借款信息发布和自主寻找投资机会的服务，并通过第三方支付平台，实现客户资金流转。拍拍贷借贷流程是借入者在平台上发布借款列表后，借出者自主选择是否参与投标，满标后视为借入者借款成功。之后，借入者获得借款后，须按月等额本息还款。

2）企业新业态新模式

拍拍贷在业务和商业模式的创新主要体现在以下四点：

第一，开展网络信贷撮合模式。拍拍贷采用互联网技术搭建网络借贷平台。借款人网上发布信息，贷款人竞拍的模式，系统自动选择最佳的贷出者，一旦借款成功，网站自动生成电子借条，借款人按每月还款方式向放款人还本付息。通过运用互联网技术提高信贷撮合自动化程度,形成贷款审批规模效应,极大降低了小额贷款的交易成本,为借款的小微企业节约了借入成本,有效减少借贷过程信息传递的中间环节,并通过标准化操作模式实现模板化。

第二,积极实践利率市场化。在传统的金融机构中,借款人的利率都是被动定价,利率是固定的。但在拍拍贷平台,借款人的利息可由借款人主动定价,借款人根据自己信用等级综合考量市场等各方面因素自行决定借款利率(最高为银行同期利率的4倍)。若借款人利率高,会使借款人自己利益受损;但若借款人利率低,借出人只会选择其他高利率而不会选择低利率。这个博弈的过程也就实现了利率市场化。

第三,运用大数据搭建信贷审核体系。拍拍贷以互联网技术和大数据为基础,自行研发和搭建了创新的网络信贷审核体系,通过对借款人的多维度数据进行搜集、挖掘和分析,对其行为、习惯等方面做出多重分析,结合第三方权威机构的数据比对,分析判断其还款能力、还款意愿、违约概率等,并以评级的方式对用户进行最终呈现。

第四,以网络信贷技术创新解决小微客户融资难问题。拍拍贷通过对网络信贷技术的研发运用,降低了信贷成本,提高了信贷效率,能够服务传统金融机构"不能"或"不愿"服务的中小微客户。拍拍贷以互联网技术降低了其融资成本,提高了匹配效率,给解决中小微客户融资难问题提供了有效渠道,促进了资金的活性,同时也丰富了金融服务的层次,从而实现普惠金融。

五、云计算

（一）发展现状与特点

上海是国内最早发布云计算产业政策的城市之一。2013年年初，在全面推进战略性新兴产业的框架下，上海市发布了2013—2015年的云计算发展规划（简称“云海计划2.0”），规划重点是“优化环境、示范推广”，即云计算技术体系基本完善，标准体系初步建立，云服务的用户接受度显著提高，从研发支撑、应用推进、云数据中心建设、产业环境营造等多个方面推进本市的云计算发展。重点开展以下几项工作：一是以云计算服务示范为核心，培育全新商业模式和业态。二是持续推进自主创新的云计算关键技术研发。三是以建设云计算展示体验和检测中心为基础，健全云计算产业发展环境。

上海云计算经过近几年的持续推进，目前已呈现出产业政策促进发展，基地载体联动发展，龙头企业抢位发展，商业模式创新发展，示范应用带动发展，产业环境协调发展，自主创新领先发展的发展格局。

1. 产业政策促进发展

上海作为国家首批云计算服务创新试点示范城市，于2010年8月在国内率先发布了“云海计划”，并于2013年1月，进一步推出“云海计划2.0”，从组织协调、配套政策、资金支持、融资渠道、合作交流等多方面给予全面保障，形成技术创新、应用方案创新和商业模式创新的合力。上海市通过战略性新兴产业扶持政策、促进软件和集成电路发展专项资金、信息化专项资金、科技创新专项资金、中小企业发展专项资金等政府扶持渠道从技术研发,平台建设、服务模式创新、应用推进、环境营造等方面支持一批云计算项目。

在产业政策的引导下,中国电信、中国移动、中国联通三大国内电信运营商纷纷将云服务的重心落户上海。中国电信中小企业云服务项目落户上海,同时在新成立的云计算集团中,把上海、广东、四川列作云计算主要支撑城市。2012 年 5 月 17 日,上海联通正式发布了最新的、主要面向个人的"云"产品——智慧云。2013 年 5 月 22 日微软在上海宣布 Windows Azure 正式落地中国,为确保上述服务在国内的正常运行,根据微软与上海市及浦东新区的合作,世纪互联将在上海浦东运营一个互联网数据中心并提供服务。在 2011 年则有华为云计算基地、腾讯华东云计算中心落户上海。截至 2013 年,国内外云计算领先企业 IBM、微软、华为、腾讯等云计算项目均已落户上海。

2. 基地载体联动发展

在贯彻落实"云海计划"进程中,为创造良好的产业环境,集聚和培育云计算领域企业,形成云计算产业链,上海市经济和信息化委员会先后授予位于闸北的市北高技术服务业园区"上海市云计算产业基地"、位于杨浦的创智天地园区、杨浦科技创业中心与复旦科技园三园一体建设"上海市云计算创新基地",支持浦东新区建设"上海市云计算应用示范区"。

云计算产业基地先后吸引央视网南方基地、微软云计算孵化中心、易睦网络、天脉聚源、东方通泰、数据港投资等过百家云计算企业入驻，对区域的战略性新兴产业发展与带动起到龙头作用。云计算创新基地通过“基金＋基地”的模式，构建集中式的楼宇，吸引了七牛云存储、优刻得、易招网、808 街等一批商业模式创新企业。浦东新区作为云计算创新服务试点示范区，在卫生、金融、物流、教育等领域的率先实现云计算应用，带动一批自主创新云计算企业产品应用，推动云计算产业发展。云计算产业载体通过政策、资金等方面纽带吸引与服务云计算企业，集聚作用日趋凸显。在政策方面，云计算基地先后认定了 5 批近 200 家云计算企业，对认定的云计算企业在产业链对接、示范项目建设给予支持。同时，云计算基地出台专门政策扶持云计算企业，对需要融资的企业优先对接云海创投资金。通过云计算基地的载体作用，创造良好的产业发展环境，已经吸引入驻企业覆盖云计算关键技术研发、公共服务运营、解决方案提供、云计算咨询服务等产业链关键环节。

3. 龙头企业抢位发展

2011 年年底，国家发展和改革委员会联合工业和信息化部、财政部共同启动国家云计算重大专项。盛大网络“文化云平台”、中国银联“移动支付云平台”、华东电脑“华云云计算平台”、上海交通大学“云计算联合实验室”四个重点项目获得国家云计算专项资金支持，约占 15 项国家级云平台的 1/4，获批资金 3.2 亿元，约占国家总资金的 1/5。通过鼓励龙头企业承担国家云计算专项的举措获得明显成效，宝信软件、万达信息、普元软件、天玑科技等一批本市软件和信息服务业龙头企业成功向云计算转型。银联数据、银商资讯、普华基础软件等云计算服务龙头企业实现销售额过亿。截至 2013 年年底，新增云计算技术研发与公共服务企业过百家，涌现出优刻得、云巅软件、808 街、七牛、易招网等一批云计算服务模式创新企业。

4. 商业模式创新发展

在关键技术创新、私有云建设的同时，实现基于互联网的公有云服务模式创新是云计算产业发展的重要组成部分。上海在金融、教育、电子政务、物流、生活服务等领域商业模式创新公共云服务取得丰硕成果。银联数据以 SaaS 服务的模式服务超过 90 家银行贷(借)记卡、石化加油卡、城市社保卡的发卡、结算、清分等服务。汇和信息在线教育机构信息化支撑系统实现多省市的在线教育培训机构与职业教育、继续教育的支撑机构的信息化服务。万达信息第四方物流综合服务平台为 600 多家物流企业实现资源有效对接。大众点评网实现面向个人的全面生活服务对接。在面向业务的综合服务方面，优刻得的 IaaS 服务平台，和辰信息睿云在线，有孚计算机阳光云平台，动量软件 PaaS 服务平台，引跑信息云应用平台 AppOne、浦软汇智的汇智在线等云平台在中小企业服务领域的虚拟主机租赁、邮件提供、CRM 服务、电子商务服务等企业信息化服务方面取得不俗的业绩。

5. 示范应用带动发展

2011 年以来，上海市经济和信息化委员会通过甄别和筛选在全市评选出上海市级15个应用培育项目、10个应用示范项目。先后评定盛大云、青浦区电子政务云、中远集运数据中心、第七人民医院医疗信息化云计算改造、中国浦东管理干部学院信息系统云计算改造等10个应用示范项目和市公安高等专科学校信息系统云计算改造等15个为应用培育项目。通过应用培育项目、应用示范项目引导云计算在电子政务、教育、医疗、金融、工业、中小企业服务等领域落地,形成具有行业特色的云计算服务模式。

6. 产业环境协调发展

由上海软件产业促进中心等50余家单位发起成立的云海产业联盟,在产业链对接方面,充分对接产业链上下游、企业与用户间的信息,对上海市级委办局、区县政府、大型企业的云计算需求与自主创新的解决方案提供商进行信息匹配,对云计算应用试点示范与自主创新云计算解决方案推广起到桥梁与枢纽的作用。通过联盟运作,2013年,上海与美国、加拿大、英国、新加坡以及港澳台地区的就云计算产业开展广泛的交流与合作:4月初,组团参加在美国硅谷举行的Cloud Connect峰会;4月8日,接待由国务部长率领的加拿大云计算代表团,双边企业广泛开展合作交流;5月22日,接待由驻华大使骆家辉率领的美国云计算代表团;6月2日,接待由台湾云端运算协会组织的台湾云计算代表团。通过复旦大学、上海交通大学,面对本市云计算高端人才缺口开展专业定向培训,目前在校云计算方面硕士研究生超过300人。通过上海市云计算展示体验中心,向全市市民精准诠释云计算的概念与发展趋势，梳理云计算的产业，展示上海云计算企业的研发成果，推荐上海云计算服务品牌。

7. 自主创新领先发展

通过本市云计算专项及对接国家重大专项，累计投入4.67亿元支持云计算研发与产业化，在跨平台、支持多操作系统的虚拟化技术、具有资源管理、资源调度、计费等功能的云计算管理平台、研发软硬件一体化的云存储平台、云中间件、云安全、基于云计算平台的软件产品等关键技术取得一定突破。普华基础软件、东方通泰、中标软件、达梦数据库、运软网络、华存数据、颐东网络、格尔软件、优刻得、华东电脑等一批在虚拟化技术、云存储技术、云计算管理平台、云安全管理、海量数据处理等方面取得突破的云计算关键技术研发企业面向市场推出了一批自主创新的云计算产品，在云计算国产化平台市场应用方面取得了受人瞩目的成绩。

（二）重点企业

1. 益盟软件

上海益盟软件技术股份有限公司（以下简称“益盟”）成立于2002年，拥有员工1 171人，注册资金35 000万元人民币，是国内领先的互联网金融信息服务公司。

益盟的主营业务分为两大类，证券行情交易系统的开发及维护、证券投资软件和手机证券软件；产品主要包括益盟操盘手辅助决策工具产品、益盟金融资讯及数据服务产品、益盟操盘手手机炒股系列产品。此外，益盟还拥有自己的投资学院，设有直播培训、视频点播、学习检验、个性课程设置能等人性化教学服务。

作为专业从事互联网金融信息服务和投资决策辅助系统的开发商,益盟是上海证券交易所、深圳证券交易所、中国金融期货交易所、香港交易所等证券市场授权的信息服务商。据两地交易所统计,益盟的L2软件PC版和手机版用户数位居行业第一,年平均续约率80%,处于行业内的领先水平。公司下设的子公司上海益盟操盘手证券研究有限公司,是中国证券业协会的会员之一,也是中国证监会授权投资咨询机构。在自身资源积累、外部市场环境和技术发展趋势的共同驱动下,引入云计算前沿技术,并将其作为未来金融信息服务行业的关键技术进行应用,以提升对现有客户的服务并拓展新业务,便成为益盟自然而然的选择。

益盟借"云"自变革,完美成果惠用户。"谋划"了借助云计算转型之后,益盟进行了一场从基础环境到内部架构再到外部应用的"自变革"。在云服务基础环境建设上,益盟首先对以往的计算实施平台进行了改造,对已有机房环境进行了调整,对数据流量大的北上广深等地区,增加了相应的机房、服务器以及带宽的支持,并增加了服务器集群部署的力度,在原有项目上扩展网络设备和服务器的带宽,加大对内容分发网络(CDN)、全网加速技术(WSA)的利用。其次,增加虚拟化存储设备的购买以及技术的利用,达到将存储与计算脱钩,使各类数据放置在一个共享的存储公用池内的目的。在借助云服务基础环境之后,通过对CDN和WSA的利用,使得系统是动态负载均衡的,能够使用户用多少花多少，无需承担冗余资源的成本，单从这个角度看，就可以节省 80 台的服务器、1G 的带宽租赁及 IDC 8 个机柜的租赁。再次，底层数据通讯平台的平稳运行，保证了益盟在产品层面只需要关注产品的特性和结果，众多功能从终端移植到了云端来实现，大大减少了客户端升级的频率，从而使益盟自身的上线产品研发及发布效率提高了 50%。

在基础支撑服务层面，益盟采用分布式云存储，提高数据的访问性能，并实现了数据的分发、处理以及处理结果的反馈等功能。同时，益盟在云计算的部分，增加了虚拟机的利用，根据应用对资源的不同需求，比如是 CPU 占用型还是内存占用型的，服务预计的访问量、服务所需要占用的网络带宽和存储空间等，在保证应用服务可靠性、可用性的前提下，以提高虚拟机集群的资源利用率为目的，对系统资源进行分配和调度，选择出应用的部署节点，最终达到综合均衡负载的目标。

在业务支撑层面，益盟重建或改造了自己的数据中心、资讯中心、监控中心和认证中心。数据中心内包含了所有的行情数据与各类指标数据，以及在未来会不断扩展、动态变化的金融数据。数据中心通过统一的接口对内部各系统提供服务，新的系统无需考虑数据问题，所有数据都可通过数据中心进行获取。通过对原有的不同来源的资讯，进行梳理与整合，并形成了统一的资讯中心，对于内部系统提供统一的使用接口与规范，并且不但有资讯的整合，还有资讯的规范与筛选，保证将不同的信息合理地配置给不同的用户。通过将不同系统的监控方式进行统一,对已有的监控中心进行了改造,使得不同的运维人员与项目管理人员可以方便地对监控状态进行查看与响应。统一了认证方式,并在益盟内部形成了一号通系统,使得认证可以内外同步。最后,“所有的改变都是为了提供更好的服务”。因此,基于以上在基础环境、支撑环境及业务环境方面基于云架构改进和重构,益盟在业务服务与应用层面也有了极大的改进。

2. 世纪互联

上海世纪互联信息系统有限公司(以下简称世纪互联)成立于2003年,是在IDC行业内有着资深经验的服务提供商。上海世纪互联于2010年年底正式启动对云计算产品——Viacloud的研发,并于2011年5月正式对外商用。2012—2013年是上海世纪互联云计算业务蓬勃发展的2年,先后获得第四届IDC大会“最佳云主机”奖、第三届云计算大会“创新企业”奖,从技术上完成了对Viacloud云平台的功能新增和完善,同时也成为了国内首家通过云计算领域ISO27001安全质量体系认证的服务商。云产品用户量突破2 000户并持续上升。

2013年开始,世纪互联正式将云业务的目标放在了开源技术Openstack的研发和混合云业务的拓展上,并已于2013年12月将Viacloud云平台全面升级为基于Openstack开发的Viacloud 2.0平台,不仅贴合业界所关注的开源性和创新性两大特点,而且在性能上,无论是稳定性、网络质量、IO速度、功能全面性等方面都更加优秀,尤其是出众的开放性,使用户可以自由创建理想的运维环境。

第三章 3

区 县 发 展

第三章

区 县 发 展

2013 年，各区县信息服务业发展良好，从规模看，浦东新区、长宁区和杨浦区等区县的信息服务业收入超过百亿元。浦东新区、长宁区、徐汇区、闸北区、嘉定区和杨浦区 6 个区县的收入占全市的比重超过 80%。本报告选取了较有代表性的三个区县进行重点分析。

一、浦东新区

（一）发展概况

1. 产业规模不断扩大

2013 年，浦东新区软件和信息服务业不断提升自身能级，推进各类新兴技术与商业模式探索创新，实现了较快发展的目标。全年实现经营业收入 1 961.70 亿元，占全市 45.44%，同比增长 11.83%，但低于全市 19% 的增速。其中，软件业实现经营收入 1 244.83 亿元，同比增长 10.52%；互联网信息服务 512.67 亿元，同比增长 21.84%。同时，软件和信息服务业企业在商务成本上升、人力资源成本上涨等因素影响下，利润仍然保持平稳增长，实现利润总额 147.23 亿元，同比增长 8.54%。各类软件企业经营呈现不同态势，集成电路设计、金融信息服务、生活信息服务类企业营业增长较快，通信类软件企业复苏明显，游戏类大型企业营业收入增长放缓，行业软件类企业分化较大。

2. 产业空间有效拓展

浦东软件和信息服务业实行以园区为核心带动的发展模式，2013 年在原有信息服务业园区的基础上，启动了临港软件园、浦东软件园川沙园、陆家嘴软件园御桥园等新的园区建设。临港软件园一期 5 万平方米 2013 年 4 月正式开园，截至 2013 年年底已引进企业 52 家。浦东软件园川沙园 2014 年 1 月举行了项目启动仪式，总规划面积 600 亩，将建成为“高起点、高标准、高层次、高水平”的配套服务迪士尼和国际旅游度假区需求的国际化智慧园区。陆家嘴软件园御桥园已纳入上海市研发总部类用地试点范围，土地规划调整已通过审批。各基地园区错位竞争，将为新区软件和信息服务业的后续发展提供巨大空间。

3. 企业发展稳步提升

软件和信息服务业企业发展规模不断壮大，2013 年经营收入超亿元企业软件和信息服务业企业 180 家，经营收入超 10 亿元企业 21 家,4 家企业入选中国软件业务收入百强,10 家企业入选上海软件企业二十强。2013 年新的《国家规划布局内重点软件企业和集成电路设计企业认定管理试行办法》实施,新区 14 家企业入选 2013—2014 年度国家规划布局内重点软件企业,9 家企业入选 2012—2013 年度上海市规划布局内重点软件企业。

受自贸区试点的利好,入驻新区的软件和信息服务业企业不断增加,2013 年新增注册资金超 1 000 万元的企业 85 家,其中注册资金超亿元企业 6 家。截至 2013 年年底,浦东新区拥有软件和信息服务业 3 794 家。自贸区建设也吸引着越来越多的 IT 人才向上海集聚,尤其是创新型领域的 IT 人才。随着产业经济发展瞄准"四新"即新产业、新技术、新业态和新模式的战略部署,"四新"中的平台经济、互联网金融、电子商务、移动互联网、智慧城市等领域的中高端软件人才目前较为紧缺,他们将是浦东软件和信息服务业积极吸引、培养和保留的重点人才。

4. 并购上市风起云涌

软件和信息服务业企业成长过程中不可避免的一个重要手段就是并购。国内市场 2013 年 BAT(百度、阿里、腾讯)三巨头掀起并购潮,并购金额不断刷新纪录。2013 年新区软件和信息服务业企业也越来越多地将并购作为跨越式发展的重要手段为突破发展"瓶颈",代表性的有大智慧全资收购慧远保银和新加坡新思维,其中后者是东盟地区最大的金融终端提供商;科大智能收购永乾机电进军工业机器人;金仕达卫宁收购北京宇信网景60%股权并增资;中海网络收购贵州新思维60%股权等。

同时,由于2013年国家尚未解禁国内主板及创业板首次公开发行(IPO),企业上市融资工作受阻,目前网达软件、万得信息、思华科技、银基信息、新虹伟信息等企业都处于在审或辅导备案阶段。证监会积极引导有条件的拟IPO企业转向上海股权托管交易中心和北京新三板等场外交易市场融资,为浦东软件和信息服务业企业开辟了新的融资途径。普华科技、大汉三通、新网程、永天科技、百林通信纷纷在2013年成功登陆OTC,为企业进一步发展需求资本市场支持。

(二) 产业动态

(1) 上海临港软件园举行开园仪式,国家工业和信息化部副部长杨学山、上海市副市长周波共同为临港软件园揭牌。

(2) 微软公共云 Windows Azure 落户浦东。

(3) 浦东新区4家企业入选2013年(第十二届)中国软件业务收入百强,10家企业入选2013年上海软件企业二十强。

(4) 中国物流云产业基地落户浦东。

(5) 浦东新区12家企业入选2013—2014年度国家规划布局内重点软件企业。

(6) 国家工业和信息化部批复浦东新区国家电子商务综合创新实践区和唐镇国家电子商务创新试点镇试点建设通过验收。

(7) 上海服务外包交易促进中心落户浦东软件园。

(8) 盛大文学融资1.1亿美元启动开放战略和移动战略。

（9）苏宁云商联合弘毅投资4.2亿美元战略投资PPTV。

（10）浦东新区在智慧城市发展水平评估中排名第二，荣获“智慧城市示范领先奖”，张江高科技园区获得智慧园区发展水平评估第一名。

（三）重点领域分析

1. 高端软件

2013年浦东新认定软件企业再创历史新高，全年共认定139家，占上海市28.2%。在基础软件领域，浦东新区集聚了普元、锐道、达梦数据库、金蝶中间件等一批国产集成软件龙头企业和具有竞争力的基础软件产品，2013年经营收入近2亿元。从应用情况分析，相比国外产品技术上已经毫不逊色，只是在占有率和市场流行度上有较大的差距。在工业软件领域，重大装备、汽车、钢铁、民用航空等传统产业改造提升中工业软件的作用日趋居于核心关键地位。以宝信软件为代表的钢铁领域逐步形成自动化工程总包能力，其智慧应用开发平台实现了海量存储，管理系统再依据实时数据库的讯息，分析、制定出正确决策。以联合汽车电子为代表的众多汽车电子公司在浦东形成较强产业集聚实力，致力于研究和构建车联网领域最领先TSP平台钛马车联网总部已迁移至临港软件园。在应用软件领域，宝信软件开发了一系列适用冶金行业的企业资源计划（ERP）软件、制造执行系统（MES）软件、能源管理系统（EMS）等软件。东欣软件开发出船舶舾装三维设计软件、船体建造系统、涂装设计生产管理集成系统、造船物质管理软件等，已成功应用于国内50余家大中型造船企业。在医疗卫生行业应用软件开发方面,形成了以金仕达卫宁企业为代表的开发运维力量。贝尔软件、华为、中兴、理想集团等在国内电信行业应用软件市场占有重要地位。

2. 云计算

浦东新区是上海市云计算应用示范区,经过3年的时间,培育了一批云计算龙头企业,服务平台和示范应用,发展状况良好。在云计算企业方面,集聚了盛霄云计算、中国银联、华存数据等一批云计算龙头企业;在云计算服务平台方面,动量软件PaaS服务平台,引跑信息云应用平台AppOne、浦软汇智的汇智在线公共云服务平台,东方有线市政务外网云计算平台都取得了不俗的业绩。在云计算应用方面,中远集运数据中心、第七人民医院医疗信息化云计算改造、中国浦东管理干部学院信息系统云计算改造等应用取得了良好的效果,被评选为上海市云计算应用示范项目。

3. 移动互联网

移动互联网是信息消费的重要组成部分,新区移动互联网产业在技术支持、地域市场、产业环境等方面均具有优势,金桥由度移动互联网基地、张江移动互联网孵化器等园区均集聚了一大批移动互联网重点企业,2013年上海市第一批移动互联网12家龙头企业中,浦东新区中国银联、中兴软件、盛趣等7家企业入选,占上海市58%。在移动产品研发方面,锐迪科微电子实现了面向移动智能终端TD-LTE/TD-SCDMA/GSM单芯片方案,技术处于国际先进水平;行业应用方面,互联网软件的移动办公平台、中兴软件的宽带网络系统仿真软件都是上海市移动互联网优秀案例。生活服务方面，爱相随的爱吧移动互联网婚恋平台、央广视讯的好大夫 VIP 客户端为用户提供婚恋、健康等移动生活服务。移动金融方面，翰鑫信息的 IVR 语音支付，新致软件的保险移动销售平台为用户带来良好的移动支付体验。

（四）改革与创新

1. 深入推进中国软件名城示范区建设

自 2012 年新区与工信部、市经济和信息化委签约创建中国软件名城示范区以来，浦东围绕示范区创建开展了一系列工作，包括起草《浦东新区加快推进软件和信息服务业发展的若干意见》，召开促进新区软件产业发展专题会议，协调各新建园区规划调整推动园区扩区建设，帮助园区申报上海市研发总部类用地试点和上海市信息服务业基地，推荐企业获得专项资金支持等等，得到了工信部软件司和市经济和信息化委领导的肯定。

2. 积极争取政策扶持助力产业发展

根据上海市《关于本市进一步鼓励软件产业和集成电路产业发展的若干政策》（沪府发[2012]26 号），新区积极帮助企业争取相关政策扶持。2013 年，推荐了 9 家企业入选上海市规划布局内重点软件企业，获得资金支持 2 337 万元，推荐 4 791 名软件和集成电路研发人员申请专项奖励，获得专项资金 5 796 万元，30 个项目获上海市软件和集成电路专项资金 5 465 万元的扶持。同时，起草形成了《浦东新区进一步鼓励软件和信息服务业发展的若干财政扶持措施》,以持续推进新区软件和信息服务业蓬勃发展,激励扶持该产业做大做强。

二、长宁区

2013 年是党的十八大精神的贯彻落实年,是全国科技进步区的创建考核年,也是加快长宁"三个城区"建设、推进区"十二五"规划实施的转型提升年。区科委在区委、区政府的领导下,在市科委的指导下,认真落实市、区科技创新大会精神,以推进科技创新为主线,以深化"智慧高地"建设为重点,全力抓好科技事业与区域经济社会建设的深度融合、协同发展,各项工作取得了一定的成效。

(一) 主要指标完成情况和重大项目突破情况

1. 主要指标完成情况

(1) 新增市认定高新技术及技术先进性企业 20 家;国家创新基金资助项目 3 项,市创新基金资助项目 19 项,区级创新基金资助项目 25 项;技术合同累计成交数量 423 个,成交金额 13.83 亿元;市科技小巨人企业 2 家,市小巨人培育企业 3 家,区级小巨人企业 10 家。

(2) 新增软件企业 10 家,引大引强企业 30 家。

(3) 专利申请总量 1 694 项,发明专利占申请总量的 51%。

(4) 全区新建智慧社区综合信息服务屏(电子阅报栏)45 台,累计建成 50 台。

（5）全年建成“I-shanghai”无线宽带（WIFI）热点112个，累计建成无线热点3 120个，2G/3G无线网络有效面积覆盖率超过99%。

2. 重点项目突破情况

（1）全国科技进步区：顺利通过市级考核和国家科技部复审，荣获“2013年全国科技进步考核先进区”荣誉称号。

（2）创新热点计划：完成长宁区“创新热点——智慧电视”热点计划申报，得到市科委的认定；“智慧电视产业集群培育”重大项目获张江专项资金支持。

（3）“智慧社区”建设：形成了“一个数据中心，两个综合平台，三个主要应用渠道”的“智慧社区”总体框架。构建了以10个部门的35类数据为主要内容的智慧社区基础数据库；逐步推进区级电子政务平台功能向社区综合管理平台延伸；在做好菜价信息系统、长宁网上数字图书馆、网络课堂、医健通三期等数字惠民项目建设的基础上，完成了社区综合服务平台中的11类服务内容及8类手机应用程序的开发制作，开通了智能电视终端、智能移动终端和智慧社区综合信息服务屏三个主要应用渠道，并逐步推送服务内容上线。

（二）主要工作开展情况

1. 推动科技进步，促进区域经济和社会发展

1）狠抓产业创新转型，促进区域经济发展

（1）完善工作机制，提升管理服务实效。

一是加大政策宣传力度。坚持“每月一次经济运行分析

会、每两月一次张江长宁园例会、每季度一次大型政策宣讲会”的会议和政策宣传机制，年内累计举办科技政策、金融政策等大型政策宣讲活动6次，并向企业发放了《长宁科技创新服务指南》，达到了一定的宣传效果。

二是加强企业走访跟踪。及时了解企业动态，帮助企业解决战略发展层面的问题与需求。2013年，先后协调易贸、联通对接合作事宜；落实分众纳市退市后相关税收问题；联合街道做好科技企业招留增工作；并联合市托管中心、市金融市场走访区内重点拟上市企业，对接融资等金融政策；并在认真分析全区科技企业的基础上，明确50家税收千万元以上的“重点服务企业”和30家税收百万元以上的“重点扶持企业”名单，强化跟踪走访和服务指导。

（2）强化政策支持，提升企业创新能级。

一是对于条件成熟的企业，加强政策兑现和评优申报指导。2013年1～10月，累计落实兑现各类科技创新项目806项，区财政拨付扶持资金36 154.7万元。鉴定企业研发费用税前加计扣除93家次，近300项。推荐2家企业申报2014年国家重点新产品；推荐分众、好耶大数据等7个项目申报2013年科技创新行动计划，共获得扶持资金300万元；组织11家企业的12个项目参与区2012年、2013年产业化项目评审，匹配资金574.5万元；推荐12个项目申报2013年张江重点项目，申请市级资金1 138.25万元；完成了除上海工程技术大学科技园外各科技园区2012年度共计2 824万元专项扶持资金审核拨付管理工作。

推荐5个项目申报上海市成果转化“百佳十强”企业项目；有5个科技项目荣获2012年上海市科学技术奖；有1家企业被评为“2012年上海软件企业二十强”；有6家企业被评为“2013年上海市明星软件企业”。

二是对于发展遇难的企业，加强科技金融服务和人才政策资助。一方面重点落实市科委履约保险贷、微贷通、小巨人贷等信用贷款政策，目前已推荐18个企业申请贷款8 100万元，其中2 000万元已批准；同时通过与银行加强合作，努力为企业、特别是中小企业、潜力企业提供信用贷推荐服务，已累计推荐企业20余家，一定程度上缓解了企业的资金困难。另一方面落实人才补贴政策，今年为19个项目发放创新团队资助资金59万元，发放长宁区科委系统优秀青年人才租房补贴共计122人117.1万元，发放长宁区科委系统人才公寓补贴共计19家企业56人56.4万元整，发放长宁区小微企业三大试点园区租房补贴共计95人91.2万元。

三是对于重点产业领域的企业，积极引导纳入市级产业发展战略。一方面根据近期上海主导发展大数据的产业形势，重点引导分众、好耶等企业进行对接，争取市财政300万元的专项资助，成功将企业的转型发展纳入市级产业规划布局。另一方面结合长宁产业特点和区域优势，协助工程大科技园等单位申报“智慧电视产业集群培育”重大项目，申请市级资金1 387万元，努力争取将长宁“智慧电视”项目纳入市级热点计划。

（3）深化园区建设，优化产业发展载体。

一是做好长宁园承接市级行政审批权限下放工作。根据张江管委会的工作安排，认真拟制长宁园承接市行政审批权限下放方案，并及时组织区内相关委办局召开协调会推进落实。第一批工商分局、绿化市容局、环保局、卫生局等四个部门的承接申请表已报张江管委会，截至10月底，区工商局承接市局行政审批权限下放各项工作已全部完成，并作为第一批下放园区等待批复。

二是推进功能性平台和载体建设。一方面抓好新平台搭建；2013年重点对接“基于园区企业的创新服务联盟平台”建设，与市科技开发交流中心确定合作方案，组建园区、街镇联络员队伍，做好与园区、企业的案例对接工作；建成“多媒体产业园政策性融资平台”，并已受理数字贸易等企业的贷款申请。另一方面积极培育新的产业载体。促成区政府与市经济和信息化委、工程大和中国联通公司签订共建中国联通移动互联网国际创业中心备忘录，推动“政、产、学、研”合作，以龙头企业带动，推进产业集群，挖掘新的信息产业经济增长点。

2）发挥科协带动作用，服务社会事业建设

（1）深化科普工作，提升市民科学素养。

一是加强载体建设，拓展科普宣传渠道。对接市级要求，建成社区创新屋2个，创建点位1个；结合长宁特色，建成智慧社区综合信息服务屏45个，建成智慧高地体验应用中心2个。创建国家级科普示范社区1个，市级科普示范社区1个，区级科普示范社区11个，区“电能计量展示厅”创建为市级科普教育基地，为我区开展科普工作打下了良好的载体基础。

二是开展主题活动，丰富居民科普体验。先后组织开展长宁科技节、长宁全国科普日、公众科学日等大型科普专题活动近10次；发放科普宣传图书近3万册、宣传折页近7万折、挂画千余套、展板11套，组织近7千人次参观科普展馆；推共送科普讲座进社区30场，公共安全培训10场，起到了一定的群众宣传效应。

三是承办第28届上海市青少年科技创新大赛。全市近1 200名学生代表参赛，经过系列现场展示、答辩等环节，我区参赛作品荣获三个第一：即入围项目数量第一，一等奖项目数量第一，推荐选送全国项目数量第一。

（2）加强学会指导，凝聚科技发展力量。

一是完善工作体系，提升服务效能。一方面强化组织建设。通过集中走访，推进张江长宁园科协组建工作；适应社会发展需求，指导组建长宁区知识产权保护协会。另一方面优化服务平台。积极开辟引智渠道，推进物联网行业协会院士专家服务中心建设；同时，加强政策宣传指导，做好科协系统职称申报受理工作。

二是组织各类活动，增强队伍活力。按照市科协部署，组织全区50余名科技工作者参加了“讲理想、比贡献”演讲比赛，长宁选送作品荣获了市级总决赛二等奖的好成绩。同时，组织百余名科技工作者参与问卷调查，努力调动科技工作者积极性，为区域科技发展献计献策。

2. 推进信息化建设,促进数字惠民和科学管理

1）深化电子政务工作,提升行政管理效能

一是细化电子政务云顶层设计。从信息系统及硬件整合、成果展示应用等方面综合考量,确定了《电子政务一体化设计整合方案》,制定了云机房和桌面云整体方案及经费预算,形成了“智慧高地”展示大厅的初步设想。

二是完成信息中心机房服务器虚拟化。经过精心组织安排,于10月底顺利完成服务器虚拟化工作并投入使用,目前已为网上凝聚力博物馆、区GIS系统、经济运行分析系统等多个系统提供运行环境。

三是完善现有政务平台及操作系统。进一步优化办公平台督察督办、文件查阅等功能,做好平台服务目录和邮件系统升级,开展“文件简报网上传阅”涉密终端建设。完成移动办公三期建设推广。做好包含无线联网推送会议材料、终端阅读器配备等内容在内的无纸化会议系统建设。整合政府管理相关地理信息核心要素,建成了涵盖14大类、50小类业务数据的基础地理共享服务平台,并已投入使用。

四是做好行政审批技术支持。按照市级工作要求,完成行政审批大厅升级,实现我区169项行政审批事项的网上申报审批、状态查询和结果反馈。

五是保障电子政务信息安全。组织开展政务网络平台和门户网站安全技术检查;顺利通过市专业机构对我区公务网涉密

网络整体安全的专业测评；全面推进机关计算机软件正版化工作，努力确保政府信息安全。

2）严格信息化项目审批，推进全过程管理

一是完成信息化建设项目管理系统升级改造。进一步拓展平台功能，突出项目从立项到验收的全过程管理，强化项目评估考核，促进信息化项目规范管理。二是完善信息化项目管理制度。起草《关于进一步加强信息化建设项目全过程管理的通知》和《2013 年长宁区信息化建设项目绩效评估指南》，细化《长宁区信息化项目绩效评估表和专家评估表》。通过规范性管理文件实施，加大管理力度，提升项目管理水平。三是完成 2014 年信息化建设项目审批和 2013 年项目预算追加工作。

3）整合信用信息数据，推进诚信体系建设

一是拓展区服务企业信息化平台功能，增加工商、税务、人社、食药监等部门对企业信誉评价、行政处罚内容、黑名单等企业监管信息，基本完成企业诚信数据库建设。二是配合制订《长宁区社会信用体系建设 2013—2015 年行动计划》和年度工作计划；组织召开区级专题会议，明确各联席会议成员单位职责任务。并与监察局联合开展部门诚信工作年中督查，促进工作推进。三是组织开展上海市"诚信活动月"长宁宣传活动。并配合区文明办开展长宁首届诚信企业之星评选活动，选出诚信建设先进企业 50 家，营造较好的诚信建设氛围。

4）做好网点建设管理，服务城区社保体系

一是抓好网点增设，满足区域发展需求。年内完成了江苏街道补换卡网点和新泾镇居住证受理网点增设工作，做好了仙霞街道受理网点纳入社区事务受理中心的搬迁工作。二是抓好人员培训，推进网点规范化建设。建立市区小教员两级培训机制，强化业务人员培训实践；开展季度网点规范化现场考评，推进窗口示范点创建，促进网点工作规范有序，确保社保卡质量安全。三是完成居住证工作交接。按照市里"7月1日前将居住证工作移交至人口办"的要求，认真做好卡证、押金等内容的结算核对工作，并配合人才办开展相关业务培训，确保工作按期无缝移交。

3. 保护知识产权，优化创新环境和市场秩序

1）落实资助政策，提升专利申报水平

通过政策宣讲会、讲座、沙龙等多种形式，加强专利资助相关政策宣传；进一步规范资助申报流程，简化申报材料，推进政策落实。今年以来，累计受理专利专项资助285件，资助资金38.03万元，一定程度上促进了企业和个人的专利申报，并于9月底提前完成了全年专利申请量指标。

2）培育相关企业，提升专利运用水平

一是组织市级试点示范申报。我区有2家企业被认定为上海市专利示范企业，5家企业被认定为上海市专利试点企业，4家企业申报上海市版权示范单位。二是推进区级重点企业培育。组织开展首批长宁区知识产权重点培育企业申报工作，经专家评审和部门评议，认定重点培育企业16家，并按照相关细则给予资金扶持。

3）开展宣传执法，提升专利保护水平

一是组织形式多样的知识产权宣传活动。先后开展“4.26世界知识产权日”专题宣传片展播、广场设点咨询、“真牌真品”调研申报等活动，努力提升企业和个人知识产权保护意识。二是开展知识产权行政专项执法。按照市知识产权局的统一安排，上、下半年先后两次与静安区知识产权局协同开展了联合执法，分别对4家商店进行了专利行政执法检查，有力整治了店商违规行为，进一步规范了市场秩序。

三、杨浦区

2013年，杨浦区围绕国家创新型试点城区的建设目标，从载体建设、重点招商、政策扶持、企业服务等方面着手，扎实推进软件和信息服务业各项工作，取得了阶段性成果。

（一）2013年信息服务业运行情况

截至2013年，全区经市经济和信息化委认定的上海市软件企业176家，其中2013年新认定软件企业34家，年认定数比2012年下降26%。根据上海市软件和信息服务业统计系统数据显示，截至2013年年底，有195家企业进行网上填报，营业收入合计约89.63亿元，其中软件业务收入约57.05亿元，占营业收入比重为64%。营业收入超亿元的企业有18家，营业收入在1 000万~9 999万元的企业有49家。全区软件和信息服务业营业收入达126亿元，年增长率实现20%。重点企业的主导业务广泛覆盖了云计算、电信运营、网络游戏、电子地图、服务外包、管理咨询、电子商务等多个领域，具有较强的市场竞争力。上海安硕信息技术股份有限公司在深交所创业板上市，上海天呈医流科技股份有限公司登陆新三板，上海源珅多媒体有限公司在上海股交中心成功挂牌。

（二）2013 年主要工作

1. 扎实推进基础工作，夯实产业发展基础

（1）软件企业年审及季度统计。组织召开软件企业年审培训会，为区内软件企业解读年审政策，包括新《软件企业认定管理办法》等，对 2013 年软件企业年审工作进行了部署，并开展了软件著作权登记资助、阳光云平台等专题培训；开展认定软件企业年审初检工作，共受理 136 家软件企业年审材料。认真落实认定软件企业季度统计工作，通过多种方式督促软件企业按期提交统计报表；积极拓展统计范围，按照抓重点企业，抓主要园区的工作思路，完成 2012 年度全区软件和信息服务业统计摸底工作。

（2）组织项目申报及评选。积极推动区域软件和信息服务业企业参与国家和市的重大专项的对接。组织软件和集成电路专项资金项目申报，共推荐 25 个项目，最终易保网络技术（上海）有限公司等 14 家企业获得市软件和集成电路专项资金扶持共计 1 980 万元。完成 2012 年度软件和集成电路企业设计人员专项奖励受理初审，受理 13 家企业 215 人约 273.7 万元的个税奖励申请，经初审 12 家企业 210 人予以通过；完成软件和集成

电路专项资金杨浦区地方配套资金 4 个项目共 59.4 万元拨付，并开展项目跟踪、管理工作；配合上海移动互联网优秀企业、优秀项目征集，共推荐 30 家移动互联网优秀企业、47 个移动互联网优秀项目，花千树等 9 家企业入选上海市第一批移动互联网成长型企业，啪啪三国等 4 个项目入选上海市第一批移动互联网优秀案例。

2. 加快园区载体建设，推进产业集聚

以“品牌化、专业化和特色化”为目标，配合区域五大功能区规划，重点建设创智天地、云基地、杨浦科技创业中心、复旦软件园、湾谷科技园等信息服务集聚区，引导园区走专业化建设的道路，与热点区域联动发展。

（1）创智天地。以信息服务业总部经济为主要方向，成功引进 IBM 公司全球服务执行中心的整体入驻，新投入使用的商务楼宇 5 万平方米；园区累计引进企业 686 家，其中 2013 年引进企业 118 家，引进企业注册资金 5.03 亿元；2013 年企业年产值达到 26.40 亿元，区级税收增长较快，对区域产业带动、创新资源集聚起到良好的示范作用。

（2）云基地。推进上海市云计算创新基地建设，积极引进云计算企业，落实云计算产业扶持政策；对接市云海计划 2.0 的发布，谋划新一轮云计算产业发展规划；完成“上海市云计算创新展示中心”项目建设并投入运行，做好中心展示内容的补充和更新，中心获 2013 年上海市科普教育基地授牌；组织落实云海沙龙定期活动，为云计算上下游产业链企业之间的对接交流合作提供良好的平台。

(3) 杨浦科技创业中心。成功申报上海市信息服务产业基地,并致力开展云计算孵化服务,组织企业参加"全球云计算大会(中国站)"等多项行业大会和专业培训,联合园区内外企业打造"云智汇"云商务服务包,中小企业可免费试用各类云商务明星产品;通过"智慧园区服务平台"的开发建设,提升园区的信息化服务能力和孵化效率。2013 年,园区顺利完成全市孵化器考评,新引进企业 310 家,完成国地税总额 1.67 亿元。

(4) 复旦软件园。依托"兆联天下"服务平台成立了"移动互联网产业联盟"、"动漫游戏产业联盟"、"新媒体产业联盟"三大联盟,并推出"兆联天下 · My Share 志愿者计划"。凭借运营团队的"妈妈式"服务理念和"兆联天下"服务平台突出的资源优势,先后引进"中国能源总公司"、"海航商业控股有限公司"及天使基金等,吸引了一大批创新创业型企业,截至 2013 年 12 月中旬,累计招商客户 476 家,其中注册完成 197 家;2013 年实现企业注册资金 4.31 亿元。

(5) 湾谷科技园。启动湾谷科技园建设项目,杨浦科技创业中心与上海城投置地(集团)有限公司共同成立"上海湾谷科技园管理有限公司",将以产业集聚和功能落地相结合为原则,加强园区的载体建设、功能建设和内涵建设,在拓展科技园区空间布局的同时,以特色产业为主导,大力推进特色产业的集聚,打造全市创新集群以及创新发展的新龙头及新亮点。

3. 拓展合作联动,推进信息消费试点建设

深化三区联动,推进合作创新。围绕国家创新型试点城区建设,与校区、园区、社区寻求彼此的优势领域开展合作创新。开展复旦创新经济走廊规划研究,积极拓展和科研院所、中央国企、国际资源的合作联动,物联网科技园、智能电缆科技园、中航科技园挂牌运作,湾谷科技园开工建设。区政府与上海仪电集团签署战略合作协议,重点聚焦智能安防、智能照明、智能食品溯源、智能园区等细分领域,加快在杨浦区形成物联网、云计算产业集聚发展的态势;与电控所合作推进北斗导航产业的发展和示范应用,加快推进信息化与智慧杨浦的深度融合发展。

加快云计算应用示范项目建设。积极引进超云服务器项目,吸引云计算制造型龙头企业落户;完成"上海市云计算创新展示中心"项目建设并投入运行,为云计算企业提供云技术和云产品的展示和交流;杨浦科技创业中心发布包括云平台、云孵化和云服务的"阳光云计划"。以智慧城市建设为契机,探索云计算技术在电子政务领域、社区卫生领域、教育领域等方面的应用;推进云计算等新技术在新江湾城的建设应用,在新江湾城试点小区、区重点商务楼中部署"宝盒速递"、集付通等新兴技术应用。推进复旦软件园、湾谷科技园"智慧园区"工程建设,促进园区信息基础设施、管理系统和服务平台的标准化、规范化。

国家信息消费试点区获批。2013 年 12 月,经国家工业和信息化部批准,杨浦区成功入选全国首批 68 个国家信息消费试点市(县、区)。重点推进数字家庭产业建设;提升信息消费软

件服务能力，支持汽车电子、智能手机、轨道交通、地理信息系统、车载智能终端设备等领域的嵌入式软件发展；发展以云计算、物联网为主的新一代信息技术产业；以智慧城市建设为契机培育新型信息消费示范项目。

（三）2014年重点工作

1. 优化产业发展环境

配合《杨浦区促进产业发展若干政策的意见》的出台，加大对云计算产业的专项投入，拓展云基地载体空间，加快形成产业集聚。积极引进超云服务器项目，吸引云计算制造型龙头企业落户，重点投资超云服务器生产线和高密度绿色数据中心。

2. 加强产业基础工作

加强软件企业季度统计工作力度，逐步规范和完善区域电子信息产业年度统计体系，建立区域云计算产业统计机制。

3. 聚焦重点园区建设

聚焦复旦软件园、湾谷科技园等科技园区，以“智慧园区”创建和推广管理规范为重点，支持移动办公、智能安防、园区一卡通、园区云服务等示范应用项目；以“智慧园区”平台建设促进“智慧园区”的新模式、新应用、新业态、新兴产业成长壮大。

4. 拓展云计算示范应用

以智慧城市建设为契机，鼓励云计算示范应用。推进政务云、教育云、中小企业服务云、电子商务云平台等项目建设，以云计算示范应用为突破口，加快推动杨浦云计算产业发展。深化上海市云计算展示中心建设，加快云展厅的内容更新，加强参观者体验度,引进市场运作机制,展示云计算最新技术成果;推进新江湾城智慧社区展示体验厅建设。

5. 加强产业联盟建设

依托云海沙龙、智慧教育、互联网文化、电子商务等产业联盟建设,加强政府和企业、企业和企业、企业和高校间的合作,推动产业集群创新。以上海市云计算促进中心落户杨浦为契机,加强与市云计算产业政策、产业标准对接,深化云海沙龙联盟活动的内涵和影响。

第四章 4

园 区 建 设

第四章

园 区 建 设

从目前的23个园区统计汇总数据看:2013年本市的信息服务产业基地投入使用的建筑面积为725万平方米、园区企业4 000多家、从业人员22万人、园区产业规模总额1 928亿元,占全市总额的63%;园区企业户均面积1 655平方米、人均32平方米、户均从业人员52人、户均营业收入4 400万元、人均经营收入85.3万元。总体而言,本市园区、企业规模正逐步扩大。

2014年,为进一步拓展信息服务产业集聚创新发展空间,按照自愿、公平、公正、公开和总量控制的原则,新增认定市级信息服务产业基地10家,其中综合类2家,特色类8家。

表5 2014年新增认定市级信息服务产业基地

基地名称	基地地址(四至范围)	建筑面积(万平方米)	产业规模(亿元)	运营管理机构	类别
复旦软件园	杨浦区。长阳路以北、隆昌路以东、内江路以西、南依内环。	13.9	15	上海复旦复联软件园企业管理有限公司	综合
云部落TMT产业园	闵行区。东至都庄路、南至横沙路、西至都会路、北至颛兴东路。	10	10	上海云越投资管理有限公司	综合
全通上海金融谷	嘉定区。东至娄红路、南至高家弄港河、西至城北路、北至金娄路。	13	3	上海全通金融谷发展有限公司	互联网金融
张江互联网金融园	浦东新区。东至乐昌路、南至秀东路、西至瑞昌路、北至景雅路。	13	30	上海银行卡产业园	互联网金融
E构空间	闸北区。洛川中路840号。	4.8	6	上海敞达投资管理有限公司	软件
徐汇软件园	徐汇区。番禺路1028号。	3	8.2	上海徐汇软件园发展有限公司	软件
莘泽智慧园	浦东新区。盛夏路399号、560号。	10	16	上海莘泽创业投资管理有限公司	移动互联网
上海贝岭科技园	徐汇区。宜山路810号。	8	25.1	上海贝岭股份有限公司	移动互联网
智力产业园	宝山区。东至南北高架路、南至南蕴藻路、西至东菱泾河、北至蕴藻浜。	5	46	上海智园投资管理有限公司	电子商务
科技京城	黄浦区。东至福建中路、南至北京东路、西至浙江中路、北至厦门路。	13.8	12.7	上海科技京城管理发展有限公司	移动互联网

一、浦东软件园

上海浦东软件园1992年成立,2000年开园,是国家软件产业基地、国家软件出口基地和国家新型工业化示范基地。上海浦东软件园拥有健全的基础设施配套和良好的企业服务体系，已经形成郭守敬园、祖冲之园、三林世博园以及昆山园四大园区联动发展的格局，是我国发展软件和信息服务业的重要空间载体之一。

(一) 发展概况

2013 年，上海浦东软件园继续保持良好的发展态势，园区建设与拓展有序推进，产业规模显著提升，经营收入持续增长，经济效益不断增强。园区的发展模式已经由早期的政策推动逐渐走向市场主导，关注重点由单一的招商引资转向产业培育，区域特征由最初的空间集聚趋向产业集群。

截至 2013 年 12 月底，上海浦东软件园累计完成土地开发 115 万平方米，交付使用研发及服务用房 57 万平方米。园区共有企业 1 391 家，其中入驻企业 562 家，注册企业 829 家，从业人员 3.8 万人。园区软件和信息服务业实现经营收入 552 亿元，上缴税收 29.4 亿元，软件出口 7.6 亿美元。

(二) 主导产业

2013 年以来，浦东软件园积极打造产业要素资源池，加快创新价值体系建设。园区紧紧围绕产业核心环节重点布局，打造产业链成长引擎，构建产业链重要支撑体系。经过多年布局优化，浦东软件园主导产业涵盖服务外包、移动互联、芯片设计、电子商务及互联网、文化创意和行业应用等多个领域，示范和引领作用日渐显著。

服务外包保持稳定增长，园区聚集了花旗软件、群硕软件等大批业界领先的服务外包及软件出口企业，为客户提供贯穿ITO、BPO和KPO的全方位服务。移动互联发展迅猛，其中手机游戏、操作系统、移动广告等领域发展势头良好，乐蛙、魔迅等多家企业获得业界投资。芯片设计规模保持领先，园区不仅拥有高通公司、德州仪器、美满电子等国际知名企业，更有众多像迦美信芯、海斐圣等拥有自主核心技术的创业型企业。电子商务及互联网创新模式不断涌现，包括东方电子支付、二三四五、洋码头等企业在电子支付、网址导航、海外代购等模式下持续创新，在工农业、商贸流通、交通运输和旅游等多领域的创新应用不断拓展。文化创意自主创新能力稳步攀升，已经形成了以沪江网、河马动画等为核心代表的文化创意产业集群。行业应用深耕市场做精做强，SAP、思华科技等企业产品已经覆盖到了政府、金融、电信、能源、教育和制造等诸多领域的解决方案。

（三）新兴领域

2013年，紧紧围绕“创新驱动、转型发展”为主线，浦东软件园聚集创新资源、推动创新应用、促进辐射带动。积极布局软件信息服务业新兴领域，建立以龙头企业为主体、产学研联合的发展机制，形成需求牵引、创新应用的发展模式。

在3D打印领域，上海浦东软件园积累的优势在于拥有大批后端从事应用服务开发的企业。浦东软件园结合产业基础和优势，围绕3D打印产业链重点环节，加快推动3D打印相关技术的发展。由园区企业智位机器人研发的DreamMaker桌面型

3D 打印机已经成功面市。此款产品是目前市面上同类产品中打印尺寸、速度、打印精度最高的，而售价只有国外同类产品 1/3。

在互联网金融领域，上海浦东软件园的相关行业始终在不断整合、优化和重组。园区在金融信息服务业领域就打下了厚实的基础。多年来，花旗软件、胜科金仕达等国际一流金融信息服务商在园区不断发展壮大。其他金融科技类行业诸如从事金融交易工具及量化模型开发的无花果信息，从事金融软件应用系统的天用唯勤和棠棣信息等优秀企业，都紧紧围绕金融和软件的核心技术而厚积薄发。园区企业拍拍贷是国内第一家 P2P 网络信用借贷平台，同时也是第一家由工商部门特批并得到政府认可的互联网金融平台，已经成为国内最大的 P2P 人群聚集地。

在大数据领域，园区其实早在数据领域就打下了良好的基础，包括基础设施优势、企业机构聚集优势、海量数据资源优势和公共研发平台优势等。自开园以来，友邦保险、花旗银行和高通公司等知名企业就率先把数据中心建设在园区。近年来，浦东软件园在数据资源整合、数据技术开发和数据应用服务等数据产业环节涌现出一大批优秀企业，已经成为或正在成为推动数据产业发展的中坚力量，大数据产业链初显轮廓。例如，从事数据挖掘的锦融决策、邦蓝决策和睿广智能，从事云平台开发的汇智软件，从事云存储的七牛云存储，从事自主创新数据库的达梦数据库，从事数据管理和数据驱动的信核数据和海知信息，从事数据库精准营销的运筹信息，从事商业智能应用系统的伟凡数据等优秀企业。

穿戴式智能设备是移动互联网软硬件结合的典范，势必将推动移动互联网进行新一轮的重大变革。从事宠物体感设备及系统业务的Olab已经入驻浦软创投孵化器苗圃项目。该团队近期还在由科技部火炬中心主办的第二届中国创新创业大赛(上海赛区)中获得第20名的好成绩。

跨境电商作为外贸经济发展中的新生事物，是推动电子商务产业进一步发展的系统工程。园区企业洋码头是国内首家引进海外零售商的海外购物网站，也是首家自建国际物流的跨境电商平台，发展势头十分迅猛。洋码头“以互联网精神改造传统进口贸易和国际物流行业”的理念，积极与上海海关相关监管部门推进测试部署新型入境电商国际快件监管体系和配套系统，帮助作为海关总署首批跨境电商入境快件监管试点口岸的上海口岸完善磨合新一代快件监管系统和清关流程，确保在严格监管下合法经营，规模化发展。

(四) 园区竞争力

集成服务是浦东软件园的核心竞争力与价值优势。2013年，浦东软件园持续深化园区集成服务体系，创新服务模式，提升五大模块内涵，以服务模式创新为重点，全面提升服务能级，并在重点领域取得突破。

作为浦东软件园创新服务代表的云计算项目——浦软汇智 IT 服务云自2011年上线以来，不断提升竞争力，着力业务开发和市场拓展，迅速拓展延伸至全国其他科技园区。继中电西安产业园合作建设“秦云”项目后，又完成了山东滕州市公安局“滕州警务云”和河南洛阳大学科技园云平台项目的开发部署，另外还在嘉兴、嘉善等地建立了汇智云的分平台。

2013年5月30日，上海服务外包交易促进中心正式落户浦东软件园。作为部市共建和浦东新区综合配套改革框架下的创新性平台项目，上海服务外包交易促进中心是服务长三角及全国、对接国际市场的功能性平台，也是全国服务贸易便利化的试点平台，对我国服务外包乃至服务贸易产业的发展将起到极大的促进作用，对转变经济发展方式和倡导低碳绿色发展理念具有重大意义。

智慧园区建设将服务于全国科技园区的战略转型与可持续发展。2013年，浦东软件园在工信部软件司的倡议下，开展了智慧园区的前期研究工作，集中力量编制了《浦软智慧园区建设发展规划》。规划采用物联网、云计算等技术，对园区已有软硬件、技术体系进行规划、升级、整合；采用大数据技术，深化对园区数据共享和分析，深度挖掘和利用，支持园区发展决策，丰富智慧服务内容。2013年9月25日，中国智慧园区高峰论坛在园区隆重举行，云集全国业界专家、科技园区和知名厂商等300余人。浦东软件园参与起草的《全国智慧园区建设标准化方案》正式发布，园区成为工信部公布的全国智慧园区建设首批试点单位。浦东软件园的品牌影响力进一步得到提升和延展。

二、漕河泾开发区

(一) 园区概况

上海漕河泾新兴技术开发区于1988年经国务院批准为国家经济技术开发区,1991年经国务院批准为国家高新技术产业开发区,2000年又成为APEC国际科技工业园区。规划面积5.984平方公里,综合经济指标位于全国开发区前列。目前已形成微电子、光电子、计算机机器软件和新材料等四大产业,建成研究开发、网络运行、金融数据、技术创新四大中心,正在建设"双优园区"、"数字园区"、"国际园区"等三大园区。2001年通过ISO9001质量管理体系认证,2002年通过ISO14001环境管理体系认证。漕河泾开发区同时享受经济技术开发区和高新技术开发区的优惠政策,是经中国国务院批准的第一批以引进外资、引进国外先进技术、发展新兴技术为主的国家级经济技术开发区和高新技术开发区。

作为国务院批准成立的经济技术开发区、高新技术产业开发区和出口加工区,漕河泾开发区现规划面积14.28平方公里。开发区汇聚中外高科技企业2 500多家,其中外商投资企业500多家,78家世界500强跨国公司在区内设立112家高科技企业。

（二）园区布局与发展

目前信息服务企业遍布整个开发区，其中相对集中的区域有：软件大楼、十二期研发大厦、创新大楼、科技产业化大楼、宝石园、现代服务业集聚区等，建筑总面积约50万平方米。按照漕河泾开发区“十二五”发展规划，以信息服务业为重点的现代服务业将在开发区产业结构比重中逐年上升，在物理空间上，现代服务业积聚区、科技绿洲三、四、五期都将为信息服务业发展提供广阔的发展空间。

漕河泾开发区拥有良好的创新创业孵化服务体系。漕河泾开发区创业中心是国家级孵化器和国际孵化器，已经培育出IDT-新涛、澜起、申瑞等一大批软件和通信领域的优秀企业，为软件成果产业化提供了强有力的支撑。

上海漕河泾新兴技术开发区是上海最重要的软件产业基地之一。近年来，先后被批准为“中国服务外包示范基地”、“上海市知识产权试点园区”、“上海服务外包人才培训基地”，并获“2009—2010中国软件和信息服务业年度最佳服务机构”称号。在全区软件和信息服务业企业的共同努力下，软件和信息服务业已成为漕河泾开发区现代服务业中最重要也是发展最为迅速的产业。开发区拥有华腾、万达、海隆、易宝、欧特克、启明、PFU、理光图像、征途、益盟等众多知名软件企业。2013年，漕河泾开发区实现销售收入2 778亿元，工业总产值1 044亿元，地区生产总值（GDP）905亿元，进出口总额154亿美元，单位面积经济效益在全国开发区名列前茅。

三、博济科技园

（一）园区概况

博济·智汇园是上海市移动互联网产业基地。占地面积42亩,建筑面积约4.4万平方米,由4幢研发办公楼组成,同时还建有企业服务中心、人才公寓、停车场、餐厅、超市等配套设施,是一个集创业办公、研发、休闲、生活于一体的科技创业园。主要集聚了软件开发、电子商务、移动多媒体终端设备研发、移动视听、移动监控等移动互联网企业。2013年园区共引进企业82家,实现产值1.28亿元,实现税收700万元,实现就业1 021人。

（二）园区布局与发展

1. 产业集聚情况

博济·智汇园全力打造以移动互联网产业为重点,以现代服务业、高新技术企业为配套的高科技园区。园区对研发办公楼进行产业分区规划,分别按移动互联网软件、移动商务、移动多媒体等进行集聚:1号楼、2号楼为移动互联网应用软件企业区,以引进移动互联网软件开发、业务流程外包(BPO)、嵌入式软件开发等二次创业企业为主体;3号楼为移动多媒体企业专区,以引进移动阅读、移动视听、移动游戏等为企业主体;6号楼为移动商务区,吸引从事移动电子商务、移动支付类企业入驻。博济团队于2012年9月开始全面招商,目前累计引进企业155

家,带动就业1 502人,完成招商面积约3.8万平方米,招商出租率为86.4%,其中移动互联网企业129家,占企业总数的83.2%,主要集中在移动互联网软件开发、移动电子商务、移动多媒体终端设备研发、移动视听、移动监控等行业。目前入驻园内的龙头企业有:上海有色金属电子商务有限公司、盛康互动传媒(上海)有限公司、上海好屋网信息技术有限公司、上海易办得办公用品有限公司。

2013年是博济·智汇园加强服务体系建设的一年,园区依托市场化的灵活机制,通过活动交流平台、工商注册基础平台、投融资平台、商务中介平台、人才服务平台等为基础,聚焦移动互联网产业,打造具有核心竞争力的服务体系。

2. 技术服务平台搭建

博济·智汇园为改变园内移动互联网企业目前开发应用需要适配大量不同设备,导致开发成本过高的现状,推进园内技术开发环境的改善,支持关键技术攻关,共同建设应用开发环境,智汇园配备服务器、计算机等硬件设备建设园区一站式专业技术服务平台。

3. 投融资服务平台搭建

博济·智汇园采取开展投融资活动、建立创客邦、举行天使投资沙龙等形式,为入驻的移动互联网企业提供灵活性、多样化投融资服务。同时,园区设立了2 000万元的天使投资基金,直接投资移动互联网企业,已投资20家企业,投资总额400万元。

4. 创业服务平台搭建

博济·智汇园为初创企业提供工商注册、财税代理等一条龙服务，帮助企业赢在起跑线上。2013 年共为 57 家企业提供的免费供工商注册服务。博济·智汇园聘请了 6 位专家担当创业导师，与企业一对一结成帮扶对子，从政策导向、经营理念、资本运作、市场营销等方面为企业出谋划策，指点迷津，创业导师们通过到企业、电话、邮件等多种方式为创业者进行指导。2013 年共组织创业导师辅导活动 5 场，指导企业 150 家/次，辅导内容涉及投融资、技术、创业政策等方面，有效地解决了企业发展中的问题。

5. 企业活动交流平台

博济·智汇园通过定期举办移动互联网发展论坛、投融资高峰论坛等，共同商讨解决产业发展问题。2013 年共举办大型活动 20 场，服务企业 1 000 多家。其中招商引资活动 3 场，投融资活动 4 场，技术交流活动 3 场，人才服务活动 2 场，政策培训宣讲 2 场，市场营销活动 2 场，联盟及协会成立活动 4 场。2013 年博济·智汇园发起成立上海移动互联网产业发展联盟、牵头成立宝山移动互联网产业发展联盟，并担任理事单位、秘书长，此外，还担任宝山青年人才协会秘书长。

6. 商务中介平台

博济·智汇园积极整合会计师事务所、律师事务所、管理咨询、知识产权代理公司等社会服务机构资源，为园内企业提供商务中介服务，2013 年已与申亚会计师事务所、影响力培训、澄兴人力资源、君铁泰知识产权等10多家机构签订战略合作协议，为园内中小企业提供专业、优质、快速的服务，帮助企业进入快速发展阶段。

7. 人才服务平台

在人才招聘方面，博济·智汇园与澄兴人力资源、前程无忧等开展战略合作，为企业提供招聘服务，缩短初创企业招聘时间，降低招聘成本。在培训服务方面，与影响力集团、交通大学等合作，为入驻企业职工提供培训服务。此外，公司还提供居住证办理、户口办理等人事服务，解决入驻企业职工的后顾之忧。

附　录

附录一

上海市推进战略性新兴产业“云计算”专项工程实施方案

云计算是一种 IT 资源的交付和使用模式,已经成为世界主要国家抢占新一轮经济和科技发展制高点的重大战略选择,作为新一代信息技术的核心,发展云计算对上海实现“创新驱动、转型发展”、建设“智慧城市”、完善社会服务手段具有重要战略作用。为贯彻落实国家培育发展战略性新兴产业的总体要求,持续推动上海云计算发展,抢占产业发展制高点,制定本方案(简称:云海计划 2.0)。

一、产业发展现状

从国际情况看,世界信息产业强国已经把云计算纳入战略性产业范围，从政策、标准、应用等方面制定了长期发展战略，特别是技术积淀深厚、市场较为成熟的欧美国家，政府在云计算技术路线、应用推进、模式创新等方面给予积极引导和支持。国际知名IT企业和投资机构纷纷把云计算作为战略重点和投资重心。从国内情况看，众多城市已经把云计算作为未来产业发展重点和产业转型支撑，在基础设施、云计算服务平台、应用示范和产业布局等方面加大投入，制定了专门的云计算政策，吸引国内外云计算企业落地。基础电信运营商、增值服务提供商、新兴互联网企业、系统集成企业和解决方案提供商纷纷向云计算转型，希望在新一轮的产业变革中占领先机。从上海情况看，2010年发布了《上海推进云计算产业发展行动方案（2010—2012年）》（简称：云海计划1.0），重点支持了云计算关键技术研发、建设了云计算产业和创新基地、开展了面向领域的示范应用、组建了云海产业联盟，有效地推动上海成为国家首批云计算服务创新发展试点示范城市，为下阶段云计算发展奠定了坚实的基础。

总体而言，上海云计算产业发展取得了阶段性的成果，初步确立了领先优势。但仍面临技术积累较少，缺乏具有国际竞争能力的云计算产品；示范应用规模较小，成功商业模式仍处于探索阶段；标准体系尚未形成，政策配套支撑不足；云计算高端人才缺乏，产业发展环境有待改善等问题。

二、产业发展指导思想、基本原则和思路

（一）指导思想

深入贯彻落实科学发展观，紧紧围绕实现“四个率先”、建设“四个中心”和社会主义现代化国际大都市的战略目标，以“创新驱动、转型发展”为总体要求，以“优化环境、示范推广”为主线，以建设国家云计算创新服务试点城市为契机，全面实现上海云计算“双十百千”发展目标的跨越提升，成为全国云计算服务、技术、产品和解决方案提供中心。

（二）基本原则

按照“四个坚持、四个聚焦”的原则，推进上海云计算持续发展。即坚持服务国家战略与发挥自身优势相结合，聚焦自主创新，推进产业链协同发展；坚持市场主导与政府引导相结合，聚焦示范工程，引领产业链创新应用；坚持企业主体与环境支撑相结合，聚焦配套环境，健全产业支撑体系；坚持国际引进与输出相结合，聚焦国际合作，加速产业能级提升。

（三）思路

（1）面向上海经济和社会发展需求，全面推进云计算示范应用，培育成熟商业模式。

（2）持续优化云计算发展生态环境，加强标准规范研究和信息安全保障体系建设。

(3) 打造安全可控的云计算产业链,加大对云计算核心技术和产品研发的支持力度。

(4) 合理布局云计算基础设施资源,集约建设高效能和模块化的云计算数据中心。

三、产业主要发展目标

(一) 产业规模和企业

到2015年,上海云计算产业规模达到1 000亿元,其中云计算技术和服务收入400亿元,相关硬件产品收入600亿元。培育十家具有核心竞争力的龙头企业,支持百家产业链关键企业,形成云计算企业生态系统。

(二) 关键技术与产品

支持企业和科研院所研发国内领先的云计算技术和产品,突破大数据环境下的数据处理技术,形成自主可控的云计算软硬件完整产品链,带动芯片、服务器、终端设备的技术和产品创新。

(三) 应用示范及环境

依托多元主体建设市场化运作的云计算应用示范项目,打造覆盖市民生活、企业服务、电子政务的综合城市云计算服务平台。健全和完善云计算相关安全、标准、制度和法规体系,优化产业发展环境。

四、产业发展重点领域

（一）云计算服务

1. 个人云计算服务

利用云计算、移动通信网络、大数据等技术，聚合与市民相关的政务服务、公共事业服务和商业便民服务等资源，打造基于云计算架构的市民综合信息服务平台，逐步形成一体化市民服务体系，按需提供政府和商业信息服务。

推动居民健康云服务平台建设，形成覆盖本市各级医疗卫生机构的健康信息网络，整合公共医疗和卫生服务资源；建立居民电子健康档案、协同医疗服务系统和市民健康门户网站等，提供市民健康信息的一站式服务。

鼓励互联网企业面向数字娱乐、电子出版、数字内容、网络视听等领域建设文化云平台，推动社会主义文化大发展大繁荣。支持重点文化服务企业建设公共云服务平台，形成面向全国的服务能力。

2. 企业云计算服务

推动覆盖中小企业基本业务流程和生命周期的行业云服务平台建设，通过基础共性资源的采集和汇聚，实现多种服务平台的数据共享和交换，形成企业公共服务资源的统一管理和统一配置。

支持银行、证券、基金、保险等金融机构，采用云计算模式构建以业务整合和流程再造为目标的新一代核心业务系统。加强基于信息技术的金融服务创新，基于移动互联网构建支持多种终端的金融支付系统。

推动信息服务企业建设面向全程电子商务生态圈的云计算服务平台，实现产供销等供应链各环节的商务协同。支持电子商务企业应用第三方云计算服务，加强对企业经营管理、市场营销、客户数据等信息的综合利用，形成支撑电子商务发展的云环境。

3. 政府云计算服务

推动各类政府部门基于政务外网建设统一电子政务云平台，整合分散在各委办、区县的政务信息资源，形成互联互通的信息资源体系，实现数据共享和协同管理；探索政务信息资源社会化利用的模式和机制，提高信息资源开发利用水平。

推动城市地理信息服务平台、公共交通管理平台建设，为政府、企事业单位和公众提供地理信息综合服务；推动食品安全监管云平台建设，实现对食品从源头到终端的全过程质量监管。

（二）云计算关键技术

1. 软件和平台

重点支持云操作系统、云资源管理调度、安全管控软件以及支持多租户、自服务的云计算管理平台的研发，鼓励产业链上下游企业与科研院所合作，研发具有国际竞争力的云计算解决方案。

2. 虚拟化和服务器

重点支持稳定、高效的虚拟化技术与芯片、平台和服务器的集成应用。支持云计算企业与芯片、服务器厂商联合开展云计算芯片集成设计、新型云计算结构服务器研发等技术攻关,形成云计算关键硬件产品的产业化能力。

3. 数据存储和处理

重点研发云存储、海量数据处理、分布式文件系统等关键技术,支持具备云计算特征的新型数据存储系统和设备的研发和生产;突破大数据相关数据挖掘、数据分析、数据组合等技术;鼓励整合行业数据资源,面向用户提供增值数据服务。

(三)云计算数据中心

1. 解决方案和运维服务

支持自主创新技术的基础设施服务(IaaS),面向中小企业和个人用户提供市场化服务。支持动态IT基础资源管理、环境能效管理、虚拟网络连接、智能空调控制、模块化数据中心等新一代数据中心关键技术研发,形成云计算数据中心的标准化、模块化和虚拟化设计能力。

2. 建设云计算数据中心

鼓励电信运营商和第三方数据中心运营企业,建设绿色、节能、环保的新型云计算基础设施,向云计算基础设施服务商转型;鼓励大型企业采用云计算架构新建和改造传统数据中心;发挥政策和资源优势,引导和鼓励各类数据中心向云海数据中心集聚。

（四）云计算安全

1. 云安全关键技术

支持云安全关键软硬件产品、云安全基础服务平台和云安全解决方案的研发，突破虚拟环境下的数据隔离、敏感信息覆盖、隐私保护等安全技术，研发云计算模式中用户信息和数据的保护技术，形成自主知识产权。

2. 云安全认证体系

加快云计算信息安全标准、规范的研究和制定，探索公共云计算服务提供商认定和评价标准。构建安全认证体系，提升用户对云计算的服务信任度，为云计算服务环境中数据安全、隐私保护提供技术支撑。

五、产业发展总体布局

（1）按照上海城市发展规划，结合各区域产业基础、人才资源、地理空间等要素，发挥产业集群效应，引导云计算技术和服务企业在云计算产业基地和创新基地集聚发展，建设产业与应用融合的云计算示范区。

（2）坚持“高端、集聚、自给”的原则，在电力、通信网络等基础资源优势明显的区域，布局云计算数据中心；抓住国际数据服务产业转移的机会，加快建设云海数据中心，形成具有国际竞争优势的数据资源集聚区。

（3）发挥崇明生态岛环境和资源优势，对接国家战略性新兴产业，聚焦数据存储、数据处理、数据分析等业务，集聚国内外优势数据服务企业，建设崇明“智慧岛数据产业园”。

六、促进产业发展主要工作举措

（一）坚持以应用带动产业发展

鼓励多元社会主体，以云计算模式构建面向个人的信息服务网络体系，满足用户个性化的信息存储、互动分享、社交网络等需求，实现“云中生活”；鼓励大型企业基于云计算技术架构建设私有云，提高基础设施资源利用效率；支持中小企业应用云计算服务降低运营成本，提升信息化水平；推动各级政府在城市管理、电子政务等领域加大云计算应用力度，推动管理创新，提升服务水平。

（二）合理布局云计算数据中心

数据中心作为云计算的物理载体，是支撑云计算技术和服务的核心基础资源。本市在布局云计算数据中心上，以满足城市功能定位和产业发展需求为基础，坚持“高端、集聚、自给”的原则，鼓励基础电信运营商和增值服务提供商，建设高效、节能、环保的新一代云计算数据中心，实现云计算数据中心的集约式和规模化部署。

（三）强化标准体系和安全保障

构建云计算技术标准创新联盟，大力推广公共云服务协议，制定云计算技术、数据中心运维和能耗等方面的地方标准，积极参与国家云计算相关标准制订工作;加强云安全关键技术研发,推动传统信息安全企业向云安全解决方案转型,强化安全认证、安全测评、应急防范等基础工作,构建支撑云计算发展的安全保障体系。

（四）建设云计算公共服务机构

组建云计算促进中心,依托云海产业联盟成立产学研用多方参与的云计算产业促进机构,整合产业链资源;建设云计算工程中心,发挥科研机构作用,开展云计算技术研发、标准研究、检测认证、系统迁移等专业技术服务。建设云计算展示体验中心,普及云计算知识和理念,展示和推荐本市云计算优秀产品和示范应用项目。

（五）培养云计算专业人才

鼓励高等院校、科研院所与云计算企业合作,开展云计算专业学历教育,培育中高端人才,优化人才结构;支持各类社会化培训机构,开展云计算职业培训,提升从业人员技术水平;落实各项人才引进政策,通过"千人计划"、"浦江人才计划"等,吸引海内外云计算领军人才落户上海。

（六）加强国内外交流合作

加强与云计算发达国家和地区的多层面交流合作,主动对接国际云计算技术和标准组织,建立产业促进机构间的交流互访机制;鼓励国际云计算技术论坛和专业展会在沪举办,支持国内外云计算龙头企业在沪集聚发展,鼓励本市企业面向海外提供云计算服务。

七、产业发展保障措施

(一) 加强组织协调

在市软件和信息服务业联席会议机制下，由市经济信息化委、市发展改革委、市科委联合相关部门，建立跨部门、跨层级的沟通协调机制，推进云计算基础设施建设、技术研发和产业化、应用示范推广等工作。成立云计算专家委员会，为本市云计算技术创新、产业发展提供决策支持。

(二) 加大资金扶持力度

在战略性新兴产业专项资金、市软件和集成电路产业发展专项资金、市现代服务业发展引导资金、市信息技术领域科技项目专项资金中优先支持云计算项目。鼓励风险投资加大对云计算产业的投资力度；鼓励云计算企业通过各种资本市场开拓融资渠道；鼓励各区县制定扶持云计算产业发展的专项政策。

(三) 强化市、区县联动

充分发挥各区县和产业园区在推动云计算发展上的主力军作用，建立市区联合推动云计算发展的体制机制，指导各区县按照《实施方案》确定的目标、任务和政策措施，制订具体落实方案，合力推动本市云计算产业发展。

上海市经济和信息化委员会

2012 年 12 月 25 日

附录二

"云计算"专项工程项目指南

一、云计算关键技术研发

1. 基于云计算构架的 CPU 芯片、存储设备、智能终端的研发及产业化

2. 服务器虚拟化、桌面虚拟化、应用虚拟化技术研发及产业化

3. 支持动态资源调度的云计算资源管理平台

4. 具有高可靠集群、海量数据处理和安全审计的云计算数据库

5. 大型数据中心管理平台和资源监控技术研发及产业化

二、云计算服务平台及应用示范

1. 具有通用开发接口，面向互联网提供虚拟化计算、存储、网络资源的基础资源服务（IaaS）平台

2. 面向市民、企业和政务协同的城市云计算综合服务平台

3. 面向金融、物流、贸易等领域的云计算服务平台

4. 基于面向最终消费者（to C）商业模式的社交应用、互动分享、电子商务等云计算服务平台

5. 基于面向企业用户（to B）商业模式的财务管理、客户关系管理（CRM）、企业资源计划（ERP）、市场营销、数据挖掘等云计算服务平台

6. 面向智慧社区的云计算服务平台示范应用

7. 基于政务外网的市级电子政务云计算基础资源服务平台

8. 大型企业集团基于云计算架构的信息化改造

三、云计算公共服务平台

1. 云计算测试和验证公共服务平台

2. 云计算安全和标准体系建设

3. 云计算相关基地和园区公共服务平台

附录三

上海市贯彻《国务院关于促进信息消费扩大内需的若干意见》行动纲要(2014—2017 年)

随着全球信息技术创新步伐加快,新技术、新业态、新模式、新产业不断涌现,催生了大规模分享和应用信息的消费需求和消费热点。上海正处于创新驱动、转型发展的关键时期,大力促进信息消费,有利于扩大内需,更好地满足人民群众的物质和精神文化需求;有利于加快转变经济发展方式,形成服务经济为主的产业结构;有利于带动智慧城市建设和信息产业发展,全面提升市民的信息素养和应用技能。上海近年来的信息产品和服务消费持续快速增长,信息基础设施能级稳步提升,信息消费综合保障环境不断优化。但上海信息消费仍面临缺乏自主品牌和核心技术、平台化服务能力有待提高、产业与应用互动效应不明显、信息基础设施尚需进一步演进升级等问题。为贯彻《国务院关于促进信息消费扩大内需的若干意见》(国发〔2013〕32 号),鼓励促进上海信息消费,特制定本行动纲要。

一、明确指导思想和发展目标

(一) 指导思想

以党的十八大和十八届三中全会精神为指导,抓住中国(上海)自由贸易试验区建设的机遇,以深化改革、扩大开放为动力,充分发挥市场配置资源的决定性作用,坚持"企业主体、需求导向、惠及民生、带动产业"的原则,增强信息消费发展的内生动力。进一步激发消费潜力,深化信息技术应用,高水平建设智慧城市;增强供给能力,培育发展新兴业态,加快信息产业优化升级;改善消费环境,提升信息基础设施能级,加强个人信息保护和信息安全保障,建立促进信息消费稳定增长的长效机制,为上海加快建设"四个中心"、加快推进"四个率先"和社会主义现代化国际大都市发挥更大作用。

(二) 发展目标

信息消费能级稳步提升,信息消费意愿持续增强,信息产品和服务更加丰富,信息消费对经济和社会发展的促进作用充分显现,使上海成为全国信息消费最具吸引力、辐射力和竞争力的城市之一。

——信息消费规模和供给能力持续提升。到 2015 年,电子商务交易额达到 15 000 亿元;新一代信息技术产业规模达到 9 000 亿元,其中信息服务业经营收入达到 6 000 亿元,年均增长 20%。到 2017 年,电子商务交易额力争达到 21 000 亿元,网络零售交易额快速增长;新一代信息技术产业规模达到 11 000 亿元,电子信息产品制造业实现高端发展,信息服务业能级不断提升,保持国内领先水平。

——信息消费支撑和环境保障明显改善。到 2015 年,全市家庭光纤到户覆盖率达到 95% 以上,家庭光纤用户普及率达到 50%,家庭光纤用户平均互联网接入带宽达到 30 兆比特/秒(Mbps);第三代移动通信(3G)和分时长期演进(TD-LTE)用户数超过 1 600 万户,TD-LTE 网络基本覆盖中心城区和郊区城镇化地区并实现规模商用;下一代广播电视网(NGB)覆盖有线电视用户的 95%,实现市级广播电视播出全面高清化。到 2017 年,上海基本建成具有国际水平的“宽带、泛在、融合、安全”的下一代信息基础设施体系,家庭光纤用户普及率达到 65%,家庭光纤用户平均互联网接入带宽接近 50Mbps;完成地面数字电视网覆盖建设;3G 和 TD-LTE 用户普及率超过 70%,TD-LTE 网络基本覆盖全市域,全面进入第四代移动通信(4G)时代。

二、务实推进重点行动，激发信息消费需求潜力

(一) 电子商务行动

推进国家电子商务示范城市建设，鼓励发展大宗商品电子交易服务平台，构建国际国内交易中心和定价中心。支持发展面向个人消费的电子商务应用，构建智慧旅游、智慧商圈等信息服务平台，建设农产品和食品安全等信息追溯平台，促进消费类电子商务平台发展。打造中国(上海)国际网络购物交易会平台，探索建设跨境电子商务园区。深入实施电子商务“双推”工程，促进中小企业电子商务深度应用与服务创新。支持制造业和物流业联动，提升发展以供应链管理为重点的电子商务应用。加快推动移动电子商务、跨境电子商务等新型业态发展。完善电子商务物流配送体系。加快推进可信交易、电子发票试点，以及电子合同、电子签名的推广应用。

(二) 数字文化行动

对接大众日益增长的文化消费新需求，重点发展互动娱乐、数字出版、网络视听。提升游戏引擎、集群渲染应用水平，鼓励互动娱乐产业的原创和多元化发展。研发推广数字水印、数字指纹等数字出版关键技术，加快传统出版资源和公共文化内容的数字化进程，建设城市公共文化服务云，培育发展数字出版分销商和终端用户的规模。创新视听服务商业模式，在网络剧和微电影领域形成千万级用户规模，鼓励建设第三方海量数字音

乐等内容分发和流通服务平台。支持建设国家数字出版、网络视听等产业基地和面向全国的数字内容开发服务平台。

(三) 智能交通行动

鼓励社会力量参与上海交通信息服务体系建设,组织推进从出发地到目的地全程交通信息服务应用示范工程,提供道路路况、公交到站、公交线路、市内换乘、交通票价以及停车引导等交通信息服务。创建国家"公交都市",聚焦公交领域的客流实时信息采集、智能集群调度和公交电子站牌建设,提升城市公共交通运营管理能力和公交出行的信息服务水平;完善市交通信息服务应用平台,支撑多渠道向公众提供交通信息服务。推进车联网与车载信息服务示范应用,建设汽车智能化应用及信息服务系统。

(四) 数字教育行动

推进数字教育资源共建共享和数字化课程环境建设,构建市民网络学习空间。建立数字教育资源公共服务平台,推进数字教育资源共享和开放。建设覆盖全市学生的成长信息记录平台,建立中小学生成长档案。发展各级各类终身教育资源,提供在线学习、终身学习档案等全方位、个性化服务,探索建立学历教育和非学历教育的学分互认机制。支持企业和社会培训机构挖掘需求,建设网络服务平台,形成具有规模影响力和领域带动力的教育信息消费业态。

(五) 数字健康行动

围绕市民健康需求,推进电子健康档案库、诊疗档案库、体质监测信息等大数据应用。完善数据共享和信息服务机制，促进电子健康档案信息在公共卫生机构、医疗机构、家庭医生和市民之间的应用，为开展自我健康管理和享有方便、高效、优质的医疗卫生服务提供支撑；促进诊疗档案信息在诊疗过程中跨医疗机构的共享应用，提高诊疗服务效率，为临床质量分析、医疗资源调配等提供支撑。优化就医一站式付费、医疗预约等便民措施，开展远程医疗服务，推进数字医院建设。鼓励社会力量参与智能健康管理，打造各类群众体育健身信息服务平台，提供体育健身场馆查询、预订及网络支付、科学健身指导等服务。促进健康产业和医疗服务联动发展。

（六）智能家居行动

围绕市民生活安全、便利、绿色等需求，鼓励相关企业开展智能家居技术和产品研发，推进智能家居应用规模化发展。推动政府公共服务和商业服务结合，以独居老人、残障人士等特殊人群为重点，推广应用防盗、烟雾及气体泄漏自动报警和紧急呼叫等服务；以老式小区为重点，推广应用智能门禁；在有条件的住宅小区试点开展家电设备智能化管理和监控，推广水、电、气远程抄表。推广家庭高清影院、体感游戏、可视电话等应用。

（七）智慧社区行动

开展以生活服务、社区管理和公共服务、智能小区为重点的智慧社区建设，促进社区服务集成化、社区管理智能化、居民生活现代化。统筹各类公共服务信息，通过互联网、移动互联网和交互式网络电视（IPTV）、数字电视等渠道，借助电脑屏、手机屏、电视屏、社区屏等载体,面向不同群体发布和推送个性化公共服务信息。推进以网站无障碍改造为重点的信息无障碍工作。引导鼓励房地产开发商、物业服务企业围绕住宅小区安全防范、物业管理等方面开展智能小区建设。

(八) 互联网金融创新行动

发挥中国(上海)自由贸易试验区的开放优势,提升金融信息和数据的集聚度,发展与国际接轨的财经、证券、保险等大型信息资讯平台。鼓励促进第三方支付在相关单位和公共服务机构中规模化应用;培育发展基于生物特征识别技术的新型支付方式。支持互联网企业和银行、保险、证券等机构的业务融合与嫁接,不断创新金融服务,构建各类金融产品信息交互平台。鼓励建立特色鲜明的互联网金融集聚区。

(九) 智能卡应用推广行动

推动各类智能集成电路(IC)卡的广泛应用和多卡集成。基本实现接触式金融 IC 卡受理无障碍,加快非接触式金融 IC 卡受理环境建设,扩大 IC 卡跨行圈存试点。鼓励银行等发卡机构发行集成公共服务的金融 IC 卡,推动 IC 卡在重点领域的集成应用。加快移动支付领域 IC 卡应用,推动可信服务管理(TSM)手机等异型 IC 卡的模式创新和应用集成,鼓励近场通信(NFC)支付应用拓展。鼓励相关机构发行面向社区便民支付的金融 IC 卡,探索社区应用与金融 IC 卡的集成。

(十)“两化”融合行动

深入开展企业信息化应用提升工程,推动计算机辅助设计、制造、全球供应链管理等系统在企业生产经营中的应用;支持工业设计、商贸物流、检验检测等面向行业、中小企业的信息化服务平台发展。加快“智慧园区”建设,推动园区智慧招商、智能安防、能效监控等系统建设,加强推广智慧园区建设与管理通用规范。促进互联网环境下的企业生产组织、管理服务和商业模式创新。开展“两化”融合发展水平评估,推动企业“两化”融合管理体系建设。

三、聚焦发展重大专项,增强信息消费供给能力

(一) 高端软件专项

增强操作系统、数据库、中间件的成熟度、可靠性和安全性,推进面向移动互联网的新一代基础软件应用。围绕数字化研发设计、分析仿真、检测检验、生产管控、监管维保等,形成智能化、集成化工业软件解决方案。支持建设基于分布式架构、分布式存储、集成一站式的大型应用软件和服务平台。突破数据隔离与虚拟化安全、网络监测、审计跟踪与取证、应急与灾难恢复等关键技术,重点发展安全可靠的基础产品、电子认证管理平台、信息安全支撑工具。

(二) 集成电路专项

推进高性能处理器、移动终端关键芯片、高清数字电视芯片、金融 IC 卡芯片、工业控制核心芯片、光网络芯片与器件等产品的技术水平提升和产业化应用推广。加快完善新建 12 英寸

生产线项目方案,推动 20/14 纳米先导工艺技术引导线建设,争取国家产业投资基金支持,实现集成电路制造业产能规模和技术水平双提升。推动装备、材料业取得突破,形成产业链互动发展。

(三) 移动互联网专项

推动制造业领域移动应用产品与解决方案的研发,促进制造业企业利用移动互联网技术优化、改进业务流程和管理方式。鼓励开发个人消费领域移动应用产品与解决方案,提升生活领域移动应用软件数量和品质,重点发展移动支付、移动娱乐、移动视频、移动阅读、移动资讯、移动搜索等。支持基于位置服务(LBS)的数据内容整合、定位平台建设以及商业模式创新,发展融合导航、通信、娱乐、安全、增值服务等功能的综合性 LBS。

(四) 云计算与大数据专项

推进国家云计算创新服务试点城市建设,支持在云计算和大数据技术上取得关键突破,研发具有国际竞争力的产品和解决方案。支持面向个人、企业、政府的综合云计算服务平台建设,以及面向医疗、交通、金融和互联网等领域的大数据示范应用。建设云计算促进机构和大数据产业联盟,加强云计算和大数据标准规范研究。统筹推进全市互联网数据中心(IDC)建设,重点建设容量大、应急能力强、服务等级高的 IDC。

(五) 物联网专项

面向重点行业和民生领域,开展物联网应用示范,带动产业链协同发展,提升公共服务能力。在医疗健康、智能交通、节能环保等领域,组织开展规模化应用示范工程建设。聚焦支持传感器、短距离通信等领域关键技术研发和产业化。支持发展具有可持续运营模式的物联网应用平台,面向政府和市场提供服务,促进传统行业运营模式转变,优化市民生活方式。

(六) 智能终端专项

实施终端品牌化战略,提升品质保障、工业设计、用户体验、智能制造等产业化能力。推进终端整机企业与芯片、器件、软件、运营企业协作,研发各类新型信息消费电子产品,促进终端与服务一体化发展。推进行业智能终端产业发展,在教育、医疗、家庭、交通等重点领域开展合作研发和规模推广。支持 OTT(Over The Top)机顶盒、智能电视、智能网关等数字家庭智能终端产品研发与产业化,加快在智能电视核心技术、内容、播控、增值业务、支付等环节形成优势。

(七) 新型显示专项

推进建设 4.5 代和 5.5 代主动矩阵有机发光二极体(AMOLED)量产线,突破薄膜场效应晶体管液晶显示器(TFT-LCD)产业新技术研发,提升高附加值产品比例,扩大高质量面板规模,为新一代智能终端提供配套。促进发光二极管(LED)与智能控制和照明设计的结合,加快培育 LED 在农业、医疗等领域的应用市场,带动完善 LED 等基础元器件产业链。积极推动激光显示产业光机等核心部件的研发,推动激光电视与网络内容服务业相互促进,在智能家庭、教育传媒和商务应用等实现规模化、市场化。

（八）卫星导航专项

以北斗系统为重点，加快发展全球导航卫星系统(GNSS)智能导航应用解决方案。支持多模导航与通信、多媒体音视频等融合的芯片及相应模块研发；突破卫星导航与移动通信、互联网、遥感等领域的融合应用等技术；突破室内外一体化融合定位技术和三维地理信息系统(GIS)应用技术；提高定位应用服务的稳定性与安全性。基本建成覆盖全市的高精度地基增强网，拓展长三角区域设施建设。重点推进卫星导航在海事航运、智能交通、城市安全、城市物流、社会服务等方面的应用。

四、全面构建支撑工程，完善信息消费基础条件

（一）宽带城市深化工程

落实国家"宽带中国"战略要求，全面推进宽带网络升级改造。加快推进农村地区的光纤到户覆盖，进一步提高全市光纤宽带用户普及率，鼓励办公、商业等公共建筑采用光纤入楼技术，加快推进郊区城镇化地区 NGB 覆盖，缩小城乡差距，推进区域协调发展，实现全市域光纤到户覆盖和城镇化地区 NGB 覆盖。加快三网融合推广，积极促进 IPTV、手机电视、有线电视网宽带服务等融合性业务的发展，实现有线高清数字电视全覆盖。推动本市传输网升级及网间优化，推进新亚太国际通信海光缆系统(APG)建设，进一步扩展国际国内通信能力。

(二) 无线城市提升工程

加快构建以移动宽带网络和无线局域网(WLAN)为主体的无线宽带网络。加快以 TD-LTE 制式为主的 4G 网络建设,对重点区域同步开展 4G 网络覆盖。优化 3G 网络,实现全市域深度覆盖。根据布局规划和绿色环保要求,实施基站集约化建设和景观化设置。推进全市 WLAN 布局优化,支持在公共区域进一步扩大覆盖。提升"i-Shanghai"服务质量,鼓励区县开展公益性 WLAN 覆盖。优化部署新一代无线电监测网络,编制发布重点区域频率资源分布地图。

(三) 下一代互联网示范工程

加快运营商基础设施和支撑系统升级改造,聚焦"中国上海"和工商、税务、民政、卫生、社保等公众访问量较高的政府门户网站,以及商业影响力较大的网络应用服务商,实施互联网协议第六版(IPv6)升级改造。在公共信用服务、网络电子认证、航运、教育、医疗等领域,开展 IPv6 应用示范工程建设。加快 IPv6 核心设备的技术升级和产业化,提升下一代互联网领域的技术创新能力。

(四) 公共信息资源开发利用工程

深化政府信息公开,推动地理位置、道路交通、资格资质、统计分析、市场监管等公共服务资源向社会开放。完善上海政府数据服务门户,建立"一站式"数据服务渠道和开放式信息资源服务应用平台。鼓励社会主体面向经济社会相关领域,开展信息资源的加工、处理和发布,创新信息服务产品,构建综合型信息服务系统。支持和规范政府部门以政府采购、服务外包等方式获取社会主体提供的信息产品和服务。

（五）网络空间综合治理工程

推进官方网站实名认证、假冒网站发现和阻断等公共服务平台建设，加快在金融、搬场物流、家电维修等消费服务领域的部署应用。推广身份认证、电子签名等网络信任服务，开展远程数字证书签发与服务试点，构建基于互联网的个人身份认证平台。推进网络与信息安全应急基础平台等安全设施建设，提高对网络不良、垃圾和虚假信息的监测和处置能力。充分依托社会化力量，构建信息安全综合服务平台，加强信息技术产品与服务的安全检测与评估。

五、强化政策创新，完善信息消费发展环境

（一）加大投融资支持力度

围绕促进信息消费扩大内需，创新财政资金支持的方式方法，加大政府购买服务力度，由支持生产供给端向支持消费需求端转变。充分发挥财政资金的示范引导作用，重点支持信息消费品牌培育、模式创新、关键技术研发、重大项目建设、试点示范推广、公共平台搭建等。支持设立促进信息消费发展的各类基金，鼓励股权投资基金和风险投资基金加大对信息消费领域的投资力度。鼓励金融机构创新发展符合信息消费特点的金融产品和服务。积极推进邮电通信业营业税改增值税改革试点。研

究建立集成电路产业发展基金和促进互联网金融发展的相关政策。

(二) 保障信息基础设施建设和使用

编制发布全市信息基础设施布局专项规划,并纳入城乡建设和土地利用规划。坚持信息基础设施集约建设和资源共享,推动市政及公共设施资源向信息基础设施开放。探索对农村地区提供信息基础设施普遍服务的补偿机制。进一步加强住宅建筑通信设施第三方专业维护,满足电信企业的平等接入,实现用户对电信业务经营者的自主选择。加强资费监管,优化资费结构,实现通信资费合理下降和透明收费。建设“宽带上海”地图工程,引导提升信息基础设施服务水平。

(三) 加强法规和行业规范体系建设

按照法定程序,研究制订信息消费相关法规,重点推进社会信用建设、公共信用归集和使用、公共信息系统个人信息保护等方面的立法工作。建立健全信息消费重点领域和新兴领域的产品及服务标准体系,鼓励本市企业和行业组织参与国内外信息消费相关标准的制(修)订。加大信息消费相关知识产权的保护力度,支持企业申请国内外专利、在国内外注册商标和登记软件著作权。深化行政审批制度改革,搞好相关行政审批事项和行政管理事项的精简优化。

(四) 加强网络信息安全保障

落实等级保护、风险评估、安全测评、应急管理等信息安全基本制度,加强对重要网络与信息系统的安全监管,提高信息系统主管和运行主体安全责任意识。加强个人信息保护,完善公共信息系统个人信息保护相关管理制度,建立健全消费者个人信息侵权的投诉举报和查处机制,严厉打击信息消费领域的各类违法犯罪行为。开展"信息安全活动周"等宣传活动,普及信息安全知识,提高信息安全意识。

(五) 改善信息消费市场环境

拓宽和健全信息消费维权渠道,完善网络消费投诉举报平台和查处机制,加强对信息服务、网络交易行为、信息产品及服务质量的监管和行业自律,严厉打击网络欺诈、侵犯知识产权等扰乱市场环境的违法犯罪行为。完善企业争议调解机制,防止企业滥用市场支配地位、抵制排挤或诋毁竞争对手等不正当竞争行为。开展"信息消费日"、"智慧城市体验周"等宣传活动,促进信息消费需求增长和环境优化。

(六) 健全信息消费信用机制

鼓励信息消费相关主体加强信用信息记录、披露和使用,支持电子商务平台健全信用评价功能,支持相关行业信用平台发展,支持电子商务信用服务示范平台建设,健全政府、司法、市场、社会的信用联动奖惩机制。支持以信用为基础的消费金融产品和服务创新,支持发展适应信息消费特点的信用支付工具。支持信息消费提供商加强信用管理。

(七) 扩大开放增值电信业务

发挥中国(上海)自由贸易试验区增值电信服务业务开放的政策优势,支持外资信息消费产品和服务供应商在中国(上海)自由贸易试验区内,按照“试验区外商投资准入特别管理措施”经营增值电信业务。放宽外商投资增值电信企业的准入限制,建立以事中、事后监管为核心的动态监管机制,营造统一开放、公平诚信、竞争有序的市场环境。鼓励经营类电子商务平台、应用商店等新型增值电信业务在中国(上海)自由贸易试验区内发展。

(八)开展信息消费统计监测

制定信息消费统计分类和标准,在国家标准的基础上,新增细化各类指标,建设信息消费统计平台,开展信息消费统计和监测,加强经济运行分析,定期向社会发布相关信息,积极引导信息消费。

附录四

上海市规划布局内重点软件企业、重点集成电路设计企业认定办法(试行)

第一条　为进一步推进本市软件和集成电路产业发展,根据《关于本市进一步鼓励软件产业和集成电路产业发展的若干政策》(沪府发〔2012〕26 号)的有关要求,本市参照《国家规划布局内重点软件企业和集成电路设计企业认定管理试行办法》(发改高技〔2012〕2413 号)的有关规定和进度要求,同步开展市级规划布局内重点软件企业、重点集成电路设计企业认定工作。为规范相关认定管理工作,特制定本办法。

第二条　上海市规划布局内重点软件、重点集成电路设计企业(以下简称“市级重点企业”),是指在本市进行工商注册和税务登记并经本市相关主管部门认定,符合国家规划布局内重点软件企业和集成电路设计企业(以下简称“国家重点企业”)相关申报条件的软件和集成电路设计企业。

第三条　市发展改革委、市经济信息化委、市商务委、市财政局、市税务局(以下简称“市级认定主管部门”)负责制定市级重点企业的认定办法和开展认定管理工作。

第四条　市级认定主管部门委托本市相关领域行业协会(以下简称“行业协会”)分别负责国家和本市规划布局内重点软件企业、重点集成电路设计企业的申报受理、初审工作。

第五条　行业协会按照现行国家重点企业申报公告要求,同步组织国家重点企业和市级重点企业的申报受理工作。申报企业按要求向行业协会提交申报材料。

第六条　行业协会对企业申报材料真实性和基本条件进行初步核实后,组织行业技术专家、财务专家,按照国家重点企业申报条件、评审要求和总量控制原则进行评审,向市级认定主管部门提交国家重点企业上报建议名单及相关书面材料。市级认定主管部门会商确定国家重点企业报送名单,并按照国家有关报送要求上报相关材料。

第七条　市级认定主管部门按部门职责进行综合审查研究后,根据国家重点企业认定情况和总量控制原则,择优遴选提出入选市级重点企业名单,并向社会公示,如无异议,向获得认定的企业颁发认定证书。

第八条　经认定的市级重点企业，可按照《关于本市进一步鼓励软件产业和集成电路产业发展的若干政策》（沪府发〔2012〕26号）及相关实施细则的有关规定，申请享受本市的优惠政策，享受年度与同批国家重点企业相同。

第九条　经认定的市级重点企业发生调整、分立、合并、重组等变更事项时，须在做出变更决定之日起30日内，向市级认定主管部门办理变更认定或重新申报手续。未经批准同意变更认定的，企业不得承继市级重点企业称号和所享受的优惠政策。对不按规定办理变更认定或重新申报手续的企业，四年内不得申报认定国家及市级重点企业和享受优惠政策。

第十条　企业申报国家重点企业和市级重点企业，应当如实提供材料，并保证内容和数据真实可靠。提供虚假材料或内容、数据失实的，行业协会应中止其认定申请，并报市级认定主管部门备案，四年内不得申报国家重点企业和市级重点企业；已获得认定的撤销其市级重点企业资格，四年内不得重新申报；已获得资金奖励的，追回奖励资金；情节恶劣的，给予通报批评；涉嫌犯罪的，移交司法机关。

第十一条　本办法由市级认定主管部门负责解释。

第十二条　本办法自发布之日起实施。

附录五

2013 年度上海软件企业二十强名单

序号	单位名称	营业收入(万元)	注册区县
1	中国银联股份有限公司	675 439	浦东
2	上海盛大网络发展有限公司	665 798	浦东
3	上海宝信软件股份有限公司	363 847	浦东
4	上海华讯网络系统有限公司	251 121	浦东
5	上海贝尔软件有限公司	215 911	浦东
6	巨人网络集团	207 495	徐汇
7	上海中兴软件有限责任公司	200 053	浦东
8	卡斯柯信号有限公司	157 136	闸北
9	花旗软件技术服务(中国)有限公司	106 823	浦东
10	龙旗科技(上海)有限公司	106 620	浦东
11	腾讯科技(上海)有限公司	106 303	徐汇
12	携程旅游网络技术(上海)有限公司	100 699	长宁
13	汇付天下有限公司	100 256	徐汇
14	联芯科技有限公司	95 487	徐汇
15	上海理想信息产业(集团)有限公司	95 036	浦东
16	万达信息股份有限公司	88 474	徐汇
17	富士通(中国)信息系统有限公司	83 103	浦东
18	上海电科智能系统股份有限公司	81 119	普陀
19	上海汉得信息技术股份有限公司	64 389	青浦
20	上海华腾软件系统有限公司	60 943	徐汇

附录六

上海“工业云”创新服务试点实施方案(2014—2016 年)

“工业云”创新服务试点是推进两化深度融合加快新型工业化进程的重要举措,是激发中小企业创新活力提升发展能力的有效方式,也是实现上海产业转型升级、促进“四新”(新技术、新产业、新模式、新业态)经济发展的重要手段。上海作为全国十六个“工业云”创新服务试点省市之一,为落实工业和信息化部印发的《信息化和工业化深度融合专项行动计划(2013—2018 年)》以及《上海市信息化与工业化深度融合发展“十二五”规划》、《上海市推进智慧城市建设 2014—2016 年行动计划》,统筹推进上海“工业云”创新服务试点工作,特制定本实施方案。

一、指导思想

深入贯彻落实科学发展观，抓住上海建设具有全球影响力的科技创新中心的重大机遇，以"工业云"创新服务试点为契机，以创新信息化服务模式和加强共享资源服务为主线，坚持"政府引导、企业主体，需求导向、市场运作，远近结合、循序渐进，立足上海、面向全国"的原则，促进信息化和工业化深度融合，助推上海产业转型升级和"四新"经济培育发展。

二、主要目标

通过"工业云"创新服务试点工作推进，支持一批服务特定领域、示范带动效应明显的"工业云"平台，聚合一批制造业和生产性服务业领域云服务资源，制定发布相关技术服务标准与规范，探索建设可复制、可推广的运行机制和服务模式，打造上海"工业云"创新服务品牌，力争在未来三年实现"聚合百家资源，服务万家企业"的工作目标，支撑上海"智造"中心建设。

三、推进思路

未来三年，上海"工业云"创新服务试点将聚焦汽车、民用航空、机电设备、钢铁四大重点产业和研发(创意)、维修检测(设备健康)、物流、管理、能源、商务六大重点领域,建设完善上海“工业云”公共服务平台。着力实施上海“工业云”三大重点工程,即基础设施工程、信息安全工程和环境建设工程,为上海“工业云”健康持续发展提供有力支撑。强化上海“工业云”四大保障措施,通过加强组织领导、政策支持、宣传推广和人才培养等,有效整合上海“工业云”服务资源,探索运营模式,制定标准规范,推广先进经验。(框架体系示意图如下)

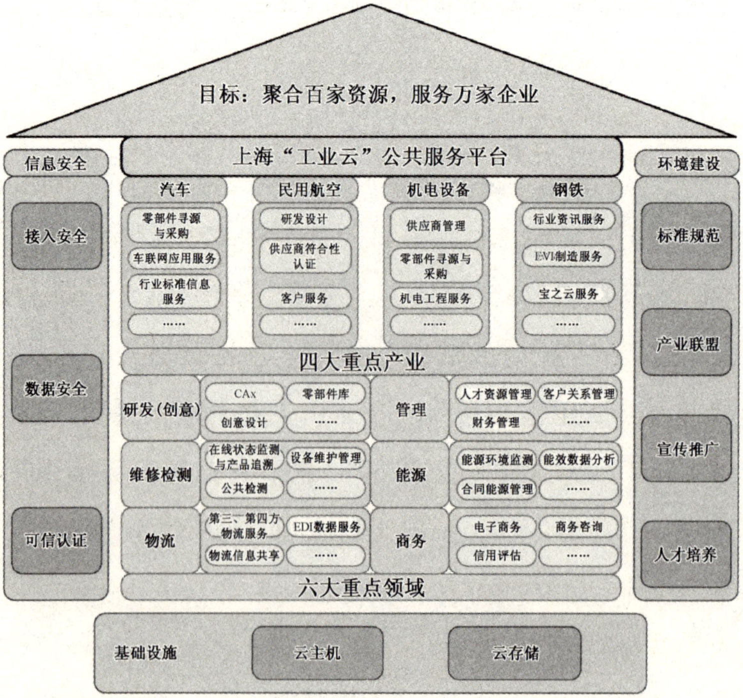

上海工业云(2014—2016 年)框架体系示意图

四、推进重点

(一) 重点产业

1. 汽车:支持建设以实现汽车行业纵向价值链集成为目的的汽车云平台,提供零部件寻源与采购、车联网应用服务、行业标准信息服务等功能,集聚一批汽车零部件制造和服务企业,实现汽车行业供应链竞争力整体提升。

2. 民用航空:支持建设基于全球协同的大型客机研制云平台,提供研发设计、供应商符合性认证、客户服务等功能,推动大型客机产业链和产业集群的形成,全面提升民用航空自主设计、自主制造、自主服务能力。

3. 机电设备:支持建设针对机电设备的供应资源共享云平台,提供供应商管理、零部件寻源与采购、机电工程服务等功能,实现采购需求与供应商质量的透明化管理,有效促进交易公平高效和行业资源共享。

4. 钢铁:支持建设以钢铁服务为主要内容的钢铁云平台,提供行业资讯服务、EVI 制造服务、宝之云服务等功能,促进行业上下游企业协同发展,有效提升钢铁产业链企业制造、经营、管理水平及创新能力。

(二) 重点领域

1. 研发(创意):支持建设以实现横向价值链集成为目的的研发(创意)云平台,提供计算机辅助设计(CAD)、计算机辅助工程(CAE)、计算机辅助工艺过程设计(CAPP)等软件服务,设计标准、零部件库、设计案例等共性资源服务,以及工程计算、仿真分析、创意设计、动漫设计等功能,实现中小企业和社会创新创意资源的无缝对接,全面提升中小企业研发(创意)水平。

2. 维修检测(设备健康):支持建设面向制造业关键设备的设备健康云平台,提供在线状态监测与产品追溯、设备维护管理、公共检测等服务,促进设备利用率、工艺能力的提升和运维成本的降低,有力助推制造企业向服务转型发展。

3. 物流:支持建设综合性、专业性、行业性物流云平台,提供第三方和第四方物流服务、EDI 数据服务、物流信息共享等功能,通过集聚融通社会物流服务需求和物流软硬件供应商的服务资源,全面提升物流服务的社会化和集约化程度。

4. 管理:支持建设面向中小企业共性发展需求的管理云平台,提供人力资源管理、客户关系管理、财务管理等功能,通过鼓励中小企业将业务系统向低成本的在线云平台转移,促进中小企业建立起现代化、标准化的管理模式。

5. 能源:支持建设基于高性能计算与大数据处理功能的"绿色"能源云平台,提供能源环境监测、能效数据分析、合同能源管理等功能,形成企业集群和区域分布式能源及环境的整体监测、控制与优化体系,全面提升企业能源管理的智慧化服务水平。

6. 商务:支持建设第三方商务应用和协同服务云平台,提供电子商务、商务咨询、信用评估等功能,鼓励 B2B 产业电商、大宗商品交易、工业产品互联网定制等创新发展,促进中小企业商业经营模式创新和商务综合服务水平提升。

（三）重点工程

1. 基础设施工程:研究制定“工业云”平台系统的可靠性标准和测评方法,对数据存储的持久性、可销毁性、可迁移性和业务资源调配能力、故障恢复能力、网络接入性能等重要指标及其测试验证方法进行规范。制定“工业云”数据中心和网络等基础设施的能源效率、容灾备份、运行维护等规范和评测方法。开发建设“工业云”可靠性、能源效率等方面的测试工具和实时监测平台,对各个“工业云”平台进行立体化实时监控,为“工业云”平稳、可靠、绿色运行提供有力支撑。

2. 信息安全工程:构建“工业云”安全防护体系,完善“工业云”安全防护技术标准,规范“工业云”的数据中心基础设施安全、云计算网络安全、虚拟机安全、云平台安全、应用程序安全和数据资产安全等方面的保障技术措施。建立“工业云”安全防护规章制度体系,加强内部流程和人员管理,建立相应的安全评估指标体系和认证机制。

3. 环境建设工程:研究提出“工业云”标准体系框架,按照“技术先进、贴近需求、依托实践、急用先行、全局协调”的原则,加快制定并逐步完善“工业云”体系架构、服务质量、互联互通、迁移、运行维护、灾备等“工业云”标准体系。通过培训、检测认证等方式加大重点标准宣贯推广力度,加强与行业、国家和国际标准组织衔接互动,推动地方标准上升为国家或国际标准。

五、保障措施

(一) 加强组织建设

市经济信息化委统筹推进全市"工业云"创新服务试点工作,协调有关问题,落实各项相关政策等,组织申报重点示范项目,并落实牵头部门负责推进。建立上海"工业云"推进机构,构建由政府部门、行业协会、平台运营商、服务提供商、重点应用企业、研究机构等多方参与的综合推进体系。

(二) 加大政策支持

发挥软件和集成电路产业发展专项资金、信息化发展专项资金和有关软件产业税收减免政策的作用,逐步采取"双推"方式,推动相关资源集聚和重点领域"工业云"平台项目建设,推动用户企业在平台开展示范应用,不断扩大试点工作对工业领域的覆盖面和平台对本领域中小企业的覆盖面。

(三) 开展宣传推广

依托"工业云"推进机构,开展平台发布、供需对接、资源推介、培训交流、示范评选、宣传报道等活动。推进一批上海"工业云"体验中心建设,创新"工业云"成果集中展示和推广方式。制定完善"工业云"评估体系,对各行业领域的"工业云"服务开展综合评估,形成平台准入、同类竞争和评价退出机制。

(四) 注重人才培养

构建"工业云"综合培训体系,支持本市有关培训机构增设

“工业云”相关教案,通过上海市智慧城市 CIO 培训等方式,面向专业人员实施专业知识和技能培训;支持相关高校和企业联合共建实训基地,开设云计算工程硕士学位课程,培养云计算高端人才。

附录七

上海市健康物联网推进工作方案

为深入贯彻落实国务院促进健康服务业、养老服务业以及新一代信息技术发展的相关政策和市委关于推进“新技术、新产业、新模式、新业态”发展的工作要求，积极配合本市深化医药卫生体制改革，引导信息技术、医疗保健、金融服务等领域的各类机构聚焦健康物联网领域，共同培育相关服务和制造产业，制订本方案。

一、健康物联网发展趋势

（一）利用物联网技术推动健康服务业发展已成为国际产业发展热点

当前国际上利用物联网技术开创新型健康服务模式发展迅

猛，比如据有关机构统计，全球移动医疗年均增长率超过30%，面向健康管理的可穿戴设备正成为市场热点，各类资本竞相投入智慧医疗、互联网健康服务等相关领域。一些发达国家政府也纷纷加大力度推进健康物联网的发展：美国《创新战略(2011)》将卫生医疗保健领域的信息技术利用作为创新的六大优先领域之一；英国卫生部已启动通过物联网技术帮助人们管理自身健康的示范项目；日本2013年提出的最新信息化发展战略也将医疗健康信息技术作为重点领域。

（二）国内市场需求和相关政策不断涌现，助推健康物联网产业快速发展

近年来国内在个人健康监护、远程医疗等方面物联网技术应用发展迅速，形成了一批具有示范意义和商业化推广的解决方案。中共十八届三中全会提出了“利用信息化手段促进优质医疗资源纵向流动、加强区域公共卫生服务资源整合等方面的改革方针”，有望为健康物联网打通体制机制瓶颈。国家关于健康服务、养老服务、药品流通等产业的指导意见相继出台，为健康物联网市场的启动起到了积极引导作用。

（三）本市已基本完成医疗卫生信息的互联互通，为健康物联网的发展奠定扎实基础

上海已基本建成联通全市17个区县、600多家各级各类医疗卫生机构的信息骨干网络，实现了健康档案动态采集、动态维护，并建立了3 700多万份动态健康档案和包含70亿多条个人诊疗记录的电子病历数据库。此外，上海也建立了多个远程医

疗诊断系统，覆盖多个区县社区卫生服务中心和服务站，累计完成60万人次心电诊断、10万多人次远程胸片诊断。

（四）本市健康物联网逐渐向产业化方向发展

当前，本市积极推广健康物联网应用示范工程，培育了一批专业提供健康信息服务的企业和运营平台，引入了全球领先的远程医疗服务和设备制造商，初步形成了产业体系。同时，一批新的商业模式开始广泛应用，居民健康管理服务已在本市6个区县19个社区进行试点运营，覆盖居民218万人，在线活跃用户8万人，并将平台技术和服务模式推广到外省市。产业带动效应初步显现，通过平台运营商的整合，带动健康监护、医疗诊断终端设备、信息系统开发和集成、通信服务、移动互联、可穿戴设备、大数据分析等产业集群式发展。

随着人民群众对健康服务的需求日益增长，而医疗资源在未来较长一段时间仍存在紧缺和不平衡现象，本市健康物联网具有广泛的发展空间。但是目前，本市健康物联网刚刚起步，还面临一系列"瓶颈"问题，如现有的医疗管理体制需适应健康物联网的发展、支撑健康物联网可持续发展的机制还有待进一步探索和完善、专业化的龙头企业还较少、相关配套法规和标准需进一步完善等。

二、上海推进健康物联网发展的总体思路和主要目标

（一）总体思路

贯彻落实十八届三中全会以及国家有关健康服务业、养老

服务业，以及新一代信息技术等战略性新兴产业的相关政策，坚持需求导向和市场主导，在健康服务、老年照护、食品和药械管理等领域组织开展物联网应用示范工程；攻关健康物联网感知、通信、处理层核心技术，培育和完善产业链，推动新一代信息技术、医疗服务和医疗器械制造等产业的融合发展；以健康物联网发展遇到的瓶颈问题为导向，积极推进医疗卫生制度改革、食品药械全过程监管、数据开放利用，加快培育和促进健康物联网产业化发展。

（二）主要目标

到2020年，在健康物联网领域，形成百亿级产业规模；培育十个面向全国市场的服务品牌，在健康服务、养老照护、食品和药械管理等领域形成一批符合国情的健康物联网服务模式和商业模式；打造一个健康物联网应用示范和产业园区，形成较为完善的产业链，在健康物联网服务水平、核心技术、产业体系和规模、政策环境等方面走在全国前列，达到国际先进水平。

三、重点任务

（一）建设三大体系的应用示范工程

坚持政府引导、市场主导，积极应用物联网相关技术，加快与各主体投资建设的公共卫生数据库的有效融合、整合利用和综合分析，搭建健康物联网应用示范工程，提升居民健康服务体验水平、提高管理和监管能级、降低服务成本、扩大服务范围，实现“全时空”健康物联网服务。

1. 智慧健康服务

——信息惠民

以信息惠民为目标，以市场配置资源为主要手段，通过物联网技术与现有各类卫生、养老信息系统的有效融合，提高居民享受健康服务的体验，逐步形成便捷、高效、智慧的健康服务新模式。推动个人基于物联网的健康感知终端和远程视频通讯的实时联动应用，重点结合本市家庭医生制的贯彻，在个人健康和慢性病管理、孕产妇和儿童保健等领域，实现自助检测、智能管理和教育咨询等功能相结合，基于居民健康档案的健康自管理模式；利用可穿戴设备和互联网模式，有序推进健康管理领域的（移动）互联网服务。大力推广社区健康小屋的建设和完善，支持健康小屋内智能化自助检测、自助服务相关设备的完备和升级，方便居民能自助检测和了解自己各类常规健康指标，实现居民自测指标与健康档案的整合，提高健康档案面向居民的服务水平和能力。开展居家康复治疗试点，利用医院康复资源对居家康复进行远程指导和监测，通过居家康复设备提高患者生活能力。

——智慧卫生

大力支持以医院为基础，包括疾控、卫监、社区等于一体的智慧卫生体系建设。在医疗服务领域，利用便携式或可穿戴设备，推进远程生命指标监控服务体系建设，动态监测患者生命体征，有效开展远程康复治疗，持续保障患者生命安全；开发智能护理、智能监控、智能床旁、智能医警、医患互动、健康咨询等终端设备和服务平台,使病人就医体验得到大幅提升;在大型医疗集团、医联体或有业务合作关系的上下级医院间推动开展多级康复治疗、远程会诊、双向转诊、远程示教等应用示范;大力发展基于物联网技术的第三方检验诊断服务,开展远程影像、心电、创面修复等专项检查或专病诊断,实现数据统一托管和业务协同流转,为各级(特别是基层或郊区县)医院提供专业诊断和信息基础设施支撑;促进医院内部信息系统升级改造、功能提升、系统融合和流程优化,推进电子标签、二维码等技术在医院内部的应用,在药品和耗材、生化标本、贵重小型设备、医疗废弃物、重点病患等对象的管理上发挥其动态化、实时化的准确匹配作用。在疾病控制领域的环境卫生、劳动卫生、放射卫生等方面推动基于物联网的智能化应用示范。在卫生监督领域开展自动化饮用水质监测,重大医疗设备智能监管等应用示范。

2. 智慧老年照护

结合养老服务需求和特点,融合现代信息、医疗等技术,将人文关爱与技术关爱有机结合,实现以老人为中心,集生活照料、日常护理、慢性病管理、健康管理、康复教育和咨询、中医保健等服务为一体,优先推进有条件的养老机构开展应用示范,兼顾多种养老服务模式共同发展。包括:医养结合应用示范,促进医疗机构与养老机构、社区居家养老服务的有机结合,探索医养结合的养老服务模式,利用物联网技术提供智能化、远距离、全天候的养老监护服务应用示范。养老云服务平台,从机构养老和社区居家养老服务切入，以全市建立统一的养老服务信息平台为契机，整合老年人基本人口信息和医疗健康信息数据库，建设养老信息系统和信息化基础设施，建立养老云服务平台和门户网站，为养老机构提供远程监护和咨询服务等功能，实现各类服务资源的协作和共享。移动养老服务，利用可穿戴设备、行为检测设备等技术，对独居老人开展远程关爱，并通过（移动）互联网将老人的生命体征、行为状态推送给家属，形成服务模式。利用物联网对社区养老服务人员开展有效监管，不断提高养老服务管理水平。老年照护设备，研制适用于现代养老服务体系的监测、养护、康复、通信等各类设备。针对独居老人、残障人士等特殊人群，研制生命体征、位置行动、环境状态等方面的传感设备，具有便捷的使用方式和良好的用户体验，提供检测报警和紧急呼叫等服务。

3. 智慧食品和药械管理

优化食品、药品、医疗器械和医用耗材采供流程，提高管理水平和流通效率，推动采购、物流服务向专业化方向发展，组织实施食品、药品、医疗器械和耗材管理物联网应用示范工程。推动食品、药品、医疗器械和耗材生产、流通、使用过程中涉及的相关信息系统的整合和联动，利用物联网技术实现全过程的信息公开、监督管理、反馈追溯和市民查询。食品方面，构建粮食及制品、畜肉及制品、禽类、蔬菜、乳品、食用油、水产品、酒类等八大类食品的追溯感知和溯源的技术手段和标准，推动食品安全追溯信息平台整合。对于婴儿配方奶粉管理，纳入本市药品零售远程动态监管范畴。药品和医用耗材方面，统筹建设直通医院、药企和监管部门，覆盖药品招、采、配、用全过程的药品集中采购平台，实现药品“阳光采购、阳光用药”；积极推广电子标签应用，逐步实现药品和医用耗材生产、招标、采购、供应、物流、使用、监管等各环节的自动化应用，支持相关单位利用自动分拣、智能药柜等先进设备，加快传统仓储、配送等物流设施和服务的改造升级；面向生物制品、疫苗、血制品等特种药品，推广基于物联网的全流程冷链监管等应用；推动居家智能药盒、药品在线配送到户等服务。医疗器械方面，推动电子标签等信息技术在医疗器械的应用，推广植入性医疗器械远程监控和数据自动采集，促进信息与医疗技术的深度有机融合，并促进新的产品和服务模式的形成。

（二）支持三层架构核心技术研发和产业化

1. 感知层

通过条形码、传感器、RFID、视音频监控、高精度定位等技术，研制适用于各级医院、养老院、康复护理院、家庭及个人的健康感知设备，包括：医用 RFID，研发适合医用的 RFID 标签、读写器等产品，将各类药品、仪器、器械、被服、医疗废弃物等纳入智能管理；研制集成温度传感等功能的 RFID，用于特种药品的冷链物流监控。便携式生命体征采集设备，研制适用于生命体征（如体温、血压、脉搏、电生理、血氧、血糖、呼吸频率等）感知的传感器和核心控制芯片，提供个人健康、慢性病管理、养老照护、康复护理、特殊人群（如重症病人、残障人士、孕产妇、婴幼儿）

专用的便携式生命体征采集仪器。可穿戴设备,集成传感器、RFID、高精度定位、短距离通信等技术的可穿戴设备,创新设备感知模式,突破设备功耗瓶颈,提高特殊环境下无线传输抗干扰能力。远程诊疗设备,具备智能感知和远程通讯功能的影像诊断、中医诊断、康复治疗等设备。

2. 通信层

基于已有或新建的网络基础设施,研制适用于健康物联网的通信和网络设备,使各类健康感知设备与其他网络终端互联互通,包括医用短距离通信技术,研究具有数据加密、高可靠、高电磁兼容性的短距离通信技术及相关通信标准,保证人体和电子设备安全、无线连接安全可靠、与其他医疗仪器等设备共存环境下的电磁兼容。接入网关模块和中间件,面向各种健康物联网应用场景和终端设备,进行标准化建模,研制支持异构接口接驳、异构协议转换、异构数据整合的接入网关和中间件,支持主流硬件和操作系统平台。智能通信终端,基于蓝牙、WiFi、Zigbee、4G 等新一代无线通信技术,从健康物联网感知设备获取数据,并与云端服务器进行数据交换,支持可鉴权可认证的安全数据传输和便于远程协同的音视频数据传输。

3. 应用层

面向各类健康物联网应用,形成一系列解决方案和运营平台,促进相关数据和软硬件产品的标准化、推动健康大数据的整合和综合利用,包括:系统整合解决方案,研发保护个人隐私前提下的数据共享技术,推动整合健康档案数据、医疗卫生数据、养老数据和保险数据的居民健康管理平台,在此基础上开发各类健康物联网应用,实现健康服务在时间和空间上的延展。相关技术和服务的标准化,制订健康物联网相关产品、平台、系统、服务的标准体系,包括相关数据格式和交换标准、远程服务门类、基本功能和业务流程等。建立覆盖居民全生命周期,支持各类应用服务,并能反映其近期健康状态的档案信息。健康大数据应用,开展国人体质数学建模研究,建设健康知识库,利用数据挖掘和海量图形数据处理等技术优化健康服务决策,鼓励众包开发,推动大数据技术在健康物联网相关领域的专业化应用。

（三）培育应用示范和产业发展集聚区

联合相关区县,建设本市健康物联网应用示范和产业发展园区,集聚一批从事健康物联网技术研发和产业化、健康服务运营的创新企业。搭建公共服务平台,加强产业链、教育科研机构、医疗机构、金融机构的交流合作,为企业产品设计、技术攻关、展示推广、产品检测认证、医疗资源对接、商业模式探索等提供专业服务。开展健康物联网发展所需的各类人才培养,为相关科技成果转化提供公共服务。

四、政策措施

（一）建立协同推进机制

加快落实国家相关政策措施,加强全市统筹协调,在民政、人社(医保)、卫生、食药监、科技、产业等部门和相关区县间加强交流协调,建立协同推进机制。以健康物联网发展中遇到的瓶颈问题为导向,加快推进医疗、医保等相关制度改革,通过物联网技术提升公共服务水平。加强行业组织和资源整合,推进产业链互动合作,促进物联网与健康医疗资源的对接合作。

(二) 加强产学研医合作

联合企业、高校、科研和医疗机构,研究基于物联网技术的新型诊疗方法、海量健康数据分析等技术,探索符合国情、市情的健康物联网运营模式。通过孵化园区和公共服务平台,集聚科技、人才、产业、资金、政策和配套环境等方面的创新资源,提升企业自主创新能力,推进高校科研成果转化。

(三) 大力发展第三方服务

加快推进医疗健康服务的 IT 基础设施外包。推广居民健康管理服务外包模式。鼓励发展专业医学检验中心、影像诊断中心等第三方检测服务。支持发展面向数字医疗、健康管理等服务的第三方质量体系认证服务。完善科技中介体系,大力发展专业化、市场化的健康物联网科技成果转化服务。

(四) 引导各方资金投入

通过开放的政策环境、公平的市场环境和专业的公共服务,吸引海内外资金投向本市健康物联网产业发展。加大财政资金引导力度,在战略性新兴产业(新一代信息技术、生物医药等领域)、服务业引导资金、软件和集成电路专项等专项资金中,对健康物联网领域的应用示范工程建设、核心技术开发、服务平台运营等关键环节进行聚焦支持。鼓励商业保险公司利用物联网技术提供多层次、专业化的医疗健康保险产品和服务。

(五) 研究制订标准规范

鼓励龙头企业、行业协会和联盟等牵头组织,研究制订健康物联网相关技术、应用和服务标准体系,加快推动数据质量和格式的标准制订,推动健康物联网公共服务系统云、管、端层次和接口的标准化,发展兼容性第三方机构认证体系。将居民通过物联网技术自助采集的数据纳入健康档案。探索服务承诺、服务公约、服务规范等制度,完善监督机制,创新监管方式。

(六) 推进公共信息开放利用

加快实现医疗保障、医疗服务、健康管理等信息共享,逐步开展医疗内网向公网的适度开放,方便医疗信息的异地查询和调阅。推进政府建设的公共卫生数据向居民自身开放。推进企业与政府采集的居民健康数据之间的安全高效互通。通过法律、标准、技术等手段,加强个人隐私保护。

(七) 加快人才培养

依托高校和专业培训机构,联合医院、养老院、健康服务企业等应用单位,面向健康物联网发展急需的跨界研发、专业机构管理、专业技师和咨询师、政策咨询、投融资等方面的人才,组织各种类型的培训和交流活动,制订相关岗位任职标准和培训教材,开展岗位认证服务。

(八) 开展国内外交流合作

以开放合作的方式,加强信息交流互通,通过投资基金、股权激励等政策,引进技术、创意和创业团队。以本市智慧城市相关应用项目为载体，吸引国内外优秀企业到本市开拓健康物联网市场。依托行业协会和联盟，组织开展各种交流活动，加强与国内外领先企业间的技术交流和项目合作，吸纳各方专业人才、管理经验和经营模式。

附录八

上海信息服务业上市企业名单

序号	公司名称	上市地点
1	游族网络	深圳中小板
2	延华智能	深圳中小板
3	海得控制	深圳中小板
4	海隆软件	深圳中小板
5	中海科技	深圳中小板
6	网宿科技	深圳创业板
7	东方财富	深圳创业板
8	华平股份	深圳创业板
9	万达信息	深圳创业板
10	汉得信息	深圳创业板
11	科大智能	深圳创业板
12	上海钢联	深圳创业板
13	天玑科技	深圳创业板
14	卫宁软件	深圳创业板
15	安科瑞	深圳创业板
16	华虹计通	深圳创业板
17	鼎捷软件	深圳创业板
18	安硕软件	深圳创业板

（续表）

序号	公司名称	上市地点
19	百视通	上海证交所
20	宝信软件	上海证交所
21	华东电脑	上海证交所
22	大智慧	上海证交所
23	方正科技	上海证交所
24	复旦复华	上海证交所
25	橡果国际	美国纽交所
26	易居中国	美国纽交所
27	巨人网络	美国纽交所
28	淘米网	美国纽交所
29	携程网	美国纳斯达克
30	掌上灵通	美国纳斯达克
31	盛大网络	美国纳斯达克
32	前程无忧	美国纳斯达克
33	第九城市	美国纳斯达克
34	分众传媒	美国纳斯达克
35	百度	美国纳斯达克
36	展讯通信	美国纳斯达克
37	盛大游戏	美国纳斯达克
38	中房信	美国纳斯达克
39	联游网络	美国纳斯达克
40	麦考林	美国纳斯达克
41	锐迪科	美国纳斯达克
42	世纪佳缘	美国纳斯达克
43	土豆网	美国纳斯达克
44	龙旗控股	新加坡主板
45	乾隆科技	香港联交所
46	晨讯科技	香港联交所
47	复旦微电子	香港创业板
48	交大慧谷	香港创业板

附录九

2013—2014 上海入围国家规划布局内重点软件企业名单

序号	企业名称
1	中国银联股份有限公司
2	上海中兴软件有限责任公司
3	盛趣信息技术(上海)有限公司
4	百视通网络电视技术发展有限责任公司
5	捷开通讯科技(上海)有限公司
6	上海征途信息技术有限公司
7	上海汉得信息技术股份有限公司
8	上海微创软件股份有限公司
9	网宿科技股份有限公司
10	上海万得信息技术股份有限公司
11	上海华腾软件系统有限公司

（续表）

序号	企业名称
12	万达信息股份有限公司
13	上海花千树信息科技有限公司
14	银联数据服务有限公司
15	上海克而瑞信息技术有限公司
16	上海新致软件有限公司
17	上海华勤通讯技术有限公司
18	上海大唐移动通信设备有限公司
19	上海泛微网络科技股份有限公司
20	中标软件有限公司
21	普元信息技术股份有限公司
22	上海博科资讯股份有限公司
23	上海北塔软件股份有限公司
24	商泰软件(上海)有限公司
25	上海百事通信息技术有限公司
26	上海幻维数码创意科技有限公司
27	上海民航华东凯亚系统集成有限公司
28	上海安硕信息技术股份有限公司
29	希姆通信息技术(上海)有限公司
30	华平信息技术股份有限公司
31	上海瀚讯无线技术有限公司
32	花旗软件技术服务(中国)有限公司
33	上海海隆软件股份有限公司
34	上海中和软件有限公司
35	旭上电子(上海)有限公司
36	易保网络技术(上海)有限公司
37	上海启明软件股份有限公司

附录十

2013—2014 入围上海规划布局内重点软件企业名单

1	上海宝信软件股份有限公司
2	上海麦杰科技股份有限公司
3	上海完美世界网络技术有限公司
4	上海林果实业有限公司
5	上海理想信息产业(集团)有限公司
6	上海格尔软件股份有限公司
7	上海电科智能系统股份有限公司
8	上海亚太计算机信息系统有限公司
9	乐线软件开发(上海)有限公司
10	上海新华控制技术(集团)有限公司
11	鼎捷软件股份有限公司
12	上海维宏电子科技股份有限公司
13	杉德银卡通信息服务有限公司

（续表）

14	上海众恒信息产业股份有限公司
15	上海益盟软件技术股份有限公司
16	上海威士顿信息技术有限公司
17	展唐通讯科技（上海）股份有限公司
18	上海企源科技股份有限公司
19	迅付信息科技有限公司
20	上海普华科技发展股份有限公司
21	上海金仕达卫宁软件股份有限公司
22	上海中信信息发展股份有限公司
23	上海智翔信息科技股份有限公司
24	上海海勃物流软件有限公司
25	上海浦东中软科技发展有限公司
26	上海吉联新软件股份有限公司
27	上海齐家网信息科技股份有限公司
28	上海文思海辉信息技术有限公司
29	上海艾麒信息科技有限公司
30	上海爱数软件有限公司